La France sans Mitterrand

Jean-Marie Colombani

La France sans Mitterrand

FLAMMARION

Du même auteur

Chez Flammarion

Les Héritiers, (en collaboration avec Jean-Yves Lhomeau 1989).

Chez d'autres éditeurs

L'utopie calédonienne, Denoël, 1985.
Portrait du président, Gallimard, 1985.
Le Mariage blanc, Grasset, 1987, (en collaboration avec Jean-Yves Lhomeau).

© Flammarion 1992
ISBN : 2-08-066786-6
Imprimé en France

Pour Catherine

Introduction

LA FIN DES ANNÉES TRANQUILLES

C'était au printemps de l'année 1992, la onzième du principat de François Mitterrand. Dans une salle à manger du palais de l'Élysée, attenant au salon Murat, le chef de l'État recevait à déjeuner une pléiade de journalistes. L'humeur du pays était à ce moment-là particulièrement morose. L'opinion était remontée contre un gouvernement, celui d'Edith Cresson, qui avait pourtant toutes les faveurs du président. Une majorité exsangue, un PS anémié, un gouvernement à peine nommé, déjà à bout de souffle : les questions ne manquaient pas. Elles vinrent rapidement sur le Parti socialiste, qui fut un temps considéré comme l'une des grandes réussites présidentielles, mais dont tout un chacun pouvait constater qu'il plongeait dans l'impopularité et s'éloignait irrésistiblement de son père bienfaiteur. La réponse, en forme d'allégorie tragique, ne tarda guère, et surprit ses visiteurs. « Vous souvenez-vous des adieux de Fontainebleau ? », demanda-t-il. Oui, bien sûr, il leur en restait quelques images... Mais lui avait tout lu sur le sujet. L'Empereur, raconta-t-il, avait confié en catastrophe sa femme, son fils, et la caisse de l'État à son frère Joseph, dont il n'est pas exagéré de dire qu'il lui devait tout. Napoléon resta seul, entouré de deux généraux fidèles. Joseph et ses précieux protégés se trouvèrent donc à Blois. « Vous connaissez Blois ? Ce n'est pas loin de Fontainebleau : à peine plus de cent kilomètres », fit alors observer le président, avant de laisser tomber : « Eh bien que croyez-vous qu'il arriva ? Ni son frère, ni personne ne tenta rien, de Blois, pour venir au secours de celui qui était célébré, la veille, comme le plus puissant souverain de la terre. » « C'est ainsi, conclut François Mitterrand, il ne faut rien attendre de personne ; j'ai fait mienne cette disposition d'esprit ! »

Quelques mois plus tard cet homme que le « fichu métier » qu'il a choisi d'exercer a conduit à ne jamais compter que sur lui-même, faisait face, avec courage et pudeur, à l'une de ces circonstances que l'on ne maîtrise ni par le métier, ni par le calcul, ni par le cynisme, ni même par l'intelligence. « Un combat honorable à mener contre soi-même », dit-il simplement. S'ouvrit alors, pour le pays une période d'incertitude politique, d'impatience pour les uns, d'inquiétude pour d'autres.

Cette interrogation sur la santé présidentielle n'était pas présente lors de l'élaboration de ce livre. Seule une conviction y a présidé : la ratification, le 20 septembre 1992, par le peuple français du traité sur l'Union européenne devait marquer, marque en effet, l'achèvement d'un cycle politique, celui du mitterrandisme, en même temps qu'elle clôt un après-guerre. Si nous voulons éviter à la France qui vient, une France sans Mitterrand, de sortir du mitterrandisme par le national-populisme, qui rôde partout en Europe, il nous faut en effet conjurer le vertige identitaire qui est le nôtre, prélude à la tentation autoritaire ; et pour cela définir les réformes les plus urgentes, les plus aptes à nous mettre en situation d'aborder l'inconnu.

La durée, et l'histoire : François Mitterrand a toujours été hanté par ces deux exigences. La durée est désormais derrière lui : de tous les monarques, républicain ou non, il est, depuis Napoléon III, celui qui a détenu le plus long bail à la tête de l'État. Quoi qu'il puisse advenir, il a incarné la France républicaine plus longtemps que quiconque avant lui. Ce septennat-là étant vraisemblablement le dernier du genre, ses successeurs à la présidence de la République ne pourront égaler son record. Quel que soit le terme de son mandat, dut-il être interrompu par la maladie ou par une décision politique, il aura été le seul homme de gauche à marier le pouvoir avec la stabilité.

L'histoire ? Il peut encore la saisir. Avant même que la maladie ne l'ait rattrapé, et sans que celle-ci change les données du problème, ce choix essentiel était déjà devant lui : aller au bout de son mandat, affronter une nouvelle cohabitation ne changerait rien au fait que pour lui, comme pour le pays, le temps apparaît désormais comme une valeur résiduelle ; partir, s'appliquer à lui-même ce fameux quinquennat tant de fois promis, prendre acte que le vote du pays ratifiant le traité de l'Union européenne met un terme à la tâche qu'il s'était assignée pour son deuxième septennat, c'est déterminer le jugement de l'histoire, obliger ses contemporains à une « relecture » positive de sa propre « trace ».

Rester, ne pas céder « un quart d'heure » à ses opposants, comme on lui en prête si souvent l'intention, serait sans doute conforme à son tempérament de guerrier. Car François Mitterrand a été, reste, un fameux combattant : sa prestation à la télévision, durant trois heures d'horloge, à quelques jours du référendum et avant d'être opéré, a bien montré qu'il était encore parmi ses pairs, un maître incontesté. Rester, ce serait user pour lui-même de cette arme contre la maladie qu'est le pouvoir, et attendre au bénéfice des siens que l'ennemi s'enlise, ou s'empêtre dans ses contradictions. Mais ce serait aussi courir le risque de s'engager dans un véritable chemin de croix, sous l'œil de plus en plus impatient et impudique d'un pays soucieux, mélancolique, et ombrageux. Partir, c'est le prendre à témoin d'un parcours qui, de l'espoir vite éteint d'un socialisme dans un seul pays à la réalité européenne, a conduit la France en tête de cordée, l'a ancrée avec une Allemagne amicale, dans une construction commune qui lui donne les moyens d'exercer une réelle influence, à la mesure de ses ressources.

Partir, c'est inviter l'histoire à prendre acte du chemin parcouru. C'est aussi accepter cette réalité politique : les années Mitterrand sont, d'ores et déjà, derrière nous. Les jours que nous vivons sont ceux de l'épuisement du cycle mitterrandien et, au delà, ceux de la fin d'une époque, qui dépasse et que symbolisent tout à la fois les derniers jours du mitterrandisme.

Cette page qui se tourne n'est qu'une parmi celles qui composent le grand livre de l'après-guerre. Pas seulement parce que les grandes options de cet après-guerre n'ont plus cours : il y avait un défi commun, le communisme, un ennemi commun, l'empire soviétique, qui avaient obligé à une réponse commune : à l'intérieur de chaque pays d'Occident, des politiques keynésiennes et un bipartisme idéologique, soubassement institutionnel de la modernisation ; à l'extérieur, l'ébauche européenne, conçue comme le pilier continental de l'Alliance atlantique.

Le demi-siècle qui a suivi la Libération a, en

outre, fait preuve d'une grande unité, placé qu'il fut sous le signe d'un optimisme positiviste, celui des grandes certitudes qui déterminaient notre univers politique : la technocratie, à droite, le productivisme, à gauche. En quelques années, ce partage des rôles s'est effacé : l'incertitude économique a fait reculer toute idée de planification, qui fut pourtant le lieu de la synthèse nationale et le levier de la reconstruction ; la mort des idéologies a réduit à néant l'ambition de transformer le monde, et laissé place, le plus souvent, au repli sur soi, à peine tempéré par l'aide humanitaire. Fin des grandes pensées, fin des grandes synthèses : on ne lit plus *Les Temps modernes*, bible de la modernité en marche et du « sens de l'Histoire », mais on dit, avec la revue *Le Débat* : ça se discute ! Le scepticisme mitterrandien était d'ailleurs lui-même déjà en décalage avec cette époque de certitudes. Toutes ont aujourd'hui explosé.

L'après-guerre s'achève enfin parce que ses principaux acteurs ont disparu, ou s'apprêtent à quitter la scène : de Gaulle n'est plus, et Mitterrand s'en va. Georges Bush, héros de la Seconde Guerre mondiale, est bientôt désavoué, et Bill Clinton, enfant du « baby boom » et du refus de combattre au Vietnam, arrive. Les **grands** intellectuels, ceux qui avaient façonné le paysage mental du pays – Sartre, Aron, Foucault –, sont partis les premiers. Les « grands commis » de l'État, ceux à qui avait été confiée la reconstruction, ne sont plus (Pierre Guillaumat, Pierre Massé) ou sont retirés (Paul Delouvrier) : ils étaient tous porteurs d'une certaine conception de l'État et de la société, ils étaient l'avant-garde d'une nation qui n'existait encore que par l'État, porteurs d'une vision politique qui faisait de celui-ci le lieu d'où se commandait soit le changement, soit la conservation.

Ces années-là pourraient bien apparaître, avec le recul, comme des années paisibles, prospères, tranquilles, « pépères », comme disait Jack Lang. Les années qui s'ouvrent pourraient bien être celles du tragique et de l'imprévu. Les années Mitterrand ont été celles de la « France qui gagne », imprégnées aussi de la dérision issue de l'époque soixante-huitarde. Vont leur succéder des années dominées par des questions dures, graves, éthiques et ethniques pour la plupart ; des années menacées par les guerres dites « de purification ethnique », à l'extérieur, travaillées à l'intérieur par la coupure entre un pays qui entreprend et qui risque, et un pays qui se claquemure et se cramponne ; un pays qui relève les défis économiques, technologiques, et un autre que déboussolent les mutations en cours et stresse la concurrence ; un pays qui échange et un pays qui rejette l'étranger, que celui-ci prenne la forme du concurrent ou du touriste, du travailleur ou du réfugié ; un pays qui aspire à de nouvelles frontières, et un pays qui rêve d'un Hexagone sans histoires ; à moins que ce ne soit sans Histoire ; un pays où cohabitent et se heurtent une minorité de projet, celui de l'Union européenne, et une majorité de rejet, celle qui veut non seulement se débarrasser des socialistes, mais que rebute tout autant l'establishment politique.

C'est pourquoi ce pays doit sortir du mitterrandisme. Par une nouvelle pratique du pouvoir, de la politique, de l'argent, des institutions, notamment, pour pouvoir affronter des années complexes, inattendues, peut-être douloureuses.

Parce que la France change d'époque. Elle change d'univers : elle ne peut plus s'y placer comme un honnête intermédiaire entre l'Est et l'Ouest ; elle ne peut plus exploiter la rente de situation politique qui lui donnait, depuis 1945, une prime sur l'Allemagne. En profondeur, une France nouvelle est en train de naître, en même temps que se mettent en place les éléments d'une nouvelle époque. Qui, d'une gauche qui est à « refonder », selon ses propres adeptes, ou d'une droite que ses éléments les plus dynamiques veulent « rénover », sera le mieux à même d'affronter les années incertaines qui sont devant nous ? Qui saura le mieux nous préserver de la tentation d'un État brutal, et vaincre notre dépression nerveuse collective ?

Au reste, peut-on continuer de penser les problèmes en termes de partis, voire d'États ? Jusqu'à présent, au long de ses années tranquilles, la France intellectuelle et politique s'était installée dans l'idée rassurante et apaisante que les soubresauts, les péripéties, les à-coups qui pouvaient survenir n'étaient jamais que les phases successives d'une seule et même adaptation au modèle anglo-saxon dominant dans les grandes démocraties : la France rattrapait son retard par rapport à un « modèle » occidental, au prix de son « exceptionnalité ». Sur le plan politique, les conditions d'une alternance dite classique, sereine, entre modérés de chaque camp, paraissaient bel et bien s'être mises en place. Aujourd'hui, avec la montée du national-populisme, elle paraît au contraire en avance d'une évolution dangereuse, elle semble anticiper un schéma qui répond à un certain malaise de la société, et correspond à une demande insatisfaite.

Dans le cycle, encore inconnu, que nous abordons, nos problèmes vont bien au-delà d'une simple alternance politique. Ils concernent notre capacité d'adaptation à une mutation formidable, dont l'Europe a été, et restera le principal levier. L'écono-

15

mie a été, jusqu'à présent, le premier champ d'application de cette transformation, au point que la France fait figure, pour ses partenaires, de référence. Mais le modèle politique français, ce présidentialisme hexagonal, à nul autre pareil, résistera-t-il au modèle parlementaire dominant en Europe ?

Surtout, la société française aura-t-elle la volonté, et la capacité, de renforcer ses propres institutions – Parlement et partis, syndicats et patronat, églises et universités – afin de les rendre capables, chacune dans son domaine, d'exercer une influence en Europe ? Hier, l'État concentrait tout le pouvoir. Aujourd'hui, ce dernier est éclaté ou, si l'on préfère, exercé, de façon décentralisée, par de multiples centres. Si la France veut continuer de jouer un rôle à sa mesure, il faudra que tout le monde s'y mette. Or la crise française atteint des structures déjà faibles : les partis sont en voie de dépérissement, les syndicats sont exsangues, le patronat n'est guère brillant, les églises sont affaiblies, les universités tardent à rayonner, etc.

Le « oui » français à l'Union européenne a parachevé une construction à laquelle François Mitterrand a voulu attacher son nom, qui couronne son action, et met un terme, en même temps, à celle-ci. Car une fois la France à bon port, il est temps de confier à d'autres le soin de poursuivre. Pour autant, le choix de l'intégration européenne ne règle rien : l'Europe est un immense chantier, où rien n'est encore tranché. Les traités européens laissent la voie ouverte à une pluralité d'hypothèses, rendant possible l'élaboration d'un destin commun, mais n'excluant pas la paralysie. Néanmoins, entre l'impossible retour à l'âge d'or de l'État-nation et l'abdication dans une impuissance collective, il y a place pour le choix d'une Europe qui ne serait pas une grande Suisse, prospère et indifférente au reste du monde. Celui-ci impose que les Français s'impliquent collectivement, qu'ils s'assignent pour objectif de retrouver l'influence décisive qu'ils ont eue au début de la construction communautaire, qu'ils mettent leur culture au service d'un dessein qui ne peut être sans eux.

Pour cela, il faut que le pays se réveille, et se réforme. Pour éviter que les perspectives politiques que nous laisserons à nos petits enfants soient celles d'une évolution régressive et négative, pour corriger les effets de la démocratie émotionnelle, maîtriser le royaume des humeurs qui est le nôtre, et éviter qu'il ne donne naissance au temps des purges, il faut à la fois changer de République, refaire l'État et recomposer la France ; bref, il faut tout remettre à plat et doter le pays de nouvelles structures, trouver le chemin d'une nouvelle citoyenneté pour donner aux Français d'aujourd'hui ce qu'ils sont en droit d'attendre de la politique : une volonté de refaire le lien social.

En invitant le lecteur à accompagner cette recherche, l'auteur ne prétend pas à l'objectivité. Sa démarche n'est pas celle d'un militant dépité, impatient de voir disparaître du paysage politique celui qui a accepté qu'on le nomme tour à tour Dieu, ou Tonton, pour voir à l'œuvre ses héritiers : nous n'avons pas besoin d'héritiers, mais d'hommes neufs, capables de penser le changement de façon autonome, ouverte, rapide. Il ne s'agit pas non plus de feindre la naïveté de croire que François Mitterrand a inventé le machiavélisme, et les socialistes la corruption ; mais plutôt de s'interroger avec le lecteur sur cette répétition, pour la troisième fois en soixante ans – le Front populaire et Léon Blum, le Front républicain et Guy Mollet, l'Union de la gauche et François Mitterrand –, d'un processus de dégé-

nérescence de l'État après une période de gouvernement socialiste. Lors des deux premières expériences, le régime lui-même s'effondra sous la
poussée d'une droite mobilisant ses extrêmes, et faisant campagne sur le thème de la restauration de
l'autorité de l'État. La crainte que l'on peut nourrir
est d'être confrontés à une évolution analogue.

« Gouailleur, cynique, démolisseur, mais finalement fourrier du pouvoir à poigne » : l'historien
Michel Winock définit ainsi « l'esprit français ».
François Mitterrand, cette fois, n'y est pour rien :
cette part-là du tempérament national n'est pas née
avec l'arrivée de la gauche au pouvoir. Elle ne dispa-
raîtra pas avec son prochain effacement, durable ou
provisoire. Il y a quinze ans, Jacques Chirac, pour
contredire le livre d'Alain Peyrefitte intitulé – déjà –
Le Mal français, rêvait d'écrire, à son tour, un livre
qui se serait appelé *Le Bien français*. Tant il est vrai
que l'avalanche de lazzis que nos compatriotes
lancent à leur propre pays conduit irrésistiblement à
l'envie de recenser tout ce qui va bien.
Dénigrement et dérision sont-ils devenus les
deux mamelles de la France ? Eh bien, essayons de
comprendre pourquoi ce pays qui, en douze ans,
s'est modernisé à vive allure, a de lui-même une si
triste idée, quand, vu du dehors, il est si attractif.
Et prenons les propos qui vont suivre avec les précautions d'usage.
Il nous est en effet arrivé de « plancher » devant un
parterre de futurs hauts fonctionnaires, dont une
bonne part d'étrangers, en compagnie d'un confrère,
l'éditorialiste américain William Pfaff. Celui-ci mit
alors en garde l'auditoire en ces termes : « Attention !
Vous allez entendre un journaliste français. Il vous
faudra corriger ce qu'il dit par le fait que, dans sa

corporation, la hiérarchie se fait selon le sens critique de chacun..., les journalistes mesurent leur talent à l'aune de la dénonciation des maux de leur pays; ajoutez-y le tempérament national qui ne pousse guère à l'indulgence, et vous aurez droit à une vision pessimiste; moi qui voit les choses de l'extérieur, poursuivit-il, je puis vous dire que la France est un pays prospère, et qui marche! »

On pourrait ajouter qu'il est sans doute trop tôt pour disposer de toutes les pièces du dossier, et du recul indispensable. Mais il n'est jamais trop tôt pour tenter de comprendre, afin que le pays s'abstienne, à l'entrée du XXIᵉ siècle, de faire du pessimisme son idéologie dominante, et d'un nouveau monarque, fût-il « républicain », l'instrument de sa soumission.

Chapitre premier

UNE FRANCE SCHIZOPHRÈNE

En douze ans, le monde a changé la France plus que la France n'a changé le monde. Qu'y a-t-il d'étonnant à cela ? Qu'y a-t-il même d'infamant ? Faut-il se plaindre que le pays ne puisse à lui seul faire basculer l'univers ?

Faut-il pour autant que le bel orgueil de la nation, cette nation désignée par l'histoire, dégénère en une vacuité dont non seulement nous ne tirons plus aucune joie, mais surtout qui nous plonge dans une véritable dépression collective ?

Vu d'ailleurs, le dynamisme est pourtant du côté de la France. Celle-ci est un pays prospère, riche, que nos voisins regardent soit avec envie, soit avec méfiance : c'est la presse anglaise qui enrage que nous ne soyons pas devenus, comme la Grande-Bretagne, un dominion américain ; ce sont les États-Unis qui, dans un récent document interne du Département d'État, voudraient que la France soit considérée en Europe comme le Japon dans la zone Pacifique, c'est-à-dire comme la puissance potentiellement la plus dangereuse.

Il faut y insister tant cela paraît aujourd'hui incongru : l'examen de la situation relative de la France est à son avantage. Notre pays ne connaît ni

IRA ni ETA, ni décadence des services publics comme la Grande-Bretagne, ni de choc social comparable à celui qu'impose à l'Allemagne son unification, ni d'emprise de la Mafia analogue à celle qui existe en Italie. Il devrait donc y avoir là quelque motif de rassurer une France inquiète.

Inquiète, et pour cause, dit-on aussitôt : la France compte près de trois millions de chômeurs, 10 % de sa population active ! C'est certes mieux que l'Espagne (17 %), mais bien pire que l'Allemagne (6 %) ou que le Japon (3 %). Cette piètre performance, que la plupart des hommes politiques ont l'habitude de qualifier de « cancer », et contre laquelle ils sont parfaitement impuissants, pèse plus lourd dans l'émergence d'un pessimisme français tous azimuts que toute autre donnée. Mais cela suffit-il à expliquer l'ampleur du désarroi d'une société qui suscite l'ironie mordante de ses propres enfants ?

Car rien n'y fait. L'impression dominante reste celle d'une sourde mais irrépressible angoisse et d'une grande confusion intellectuelle. Le pessimisme français est si complexe, si subjectif qu'il contribue à son tour au malaise. Au point que ce mal lui-même amplifie des crises qui se suffiraient largement à elles-mêmes. L'irrationalité dramatise une situation qui appelle, pourtant, une analyse plus sereine.

Ce décalage entre la réalité, du moins la réalité qu'un certain nombre de paramètres « objectifs » permettent de mesurer, et sa perception par l'opinion n'est pas chose nouvelle. 1955 : c'est la meilleure année économique de la IVe République ; elle est suivie, en 1956, par la vague poujadiste (au sein de laquelle, déjà, prend place Jean-Marie Le Pen). 1967 : c'est l'année la plus riche du gaullisme, la plus prospère, la plus dynamique ; elle est suivie par l'explosion de Mai 68. 1988-1990 : ce sont les années les plus prospères que le pays ait connues depuis le début de la crise pétrolière en 1973. Ces années sont pourtant suivies, dès la seconde moitié de 1991, du déclenchement d'une drôle de crise dont la France n'est pas sortie. Notre pays se porte-t-il mieux que nombre de partenaires? Fait-il figure d'oasis dans un monde particulièrement troublé? Qu'importe : une majorité de rejet semble s'être constituée.

Il est vrai qu'elle est loin, la « rupture » que François Mitterrand et les socialistes appelaient de leurs vœux lors de leur arrivée au pouvoir en 1981. La France n'a pas su, n'a pas pu marcher à contre-courant. Elle a dû s'aligner, s'adapter. Cette adaptation, qui est une forme de la modernisation, est la caractéristique de la décennie Mitterrand. Voilà un homme qui a su accompagner le mouvement, même si ce n'est pas celui qu'il avait souhaité : l'économie s'est transformée malgré lui, apportant la preuve qu'il n'y avait pas d'« autre logique », à moins d'accepter le retour en arrière et le repli sur soi. Il n'a pas, en revanche, modernisé ce qui lui incombait : les relations sociales, la politique elle-même. On peut donc avoir quelque raison de lui en vouloir. Mais avant de lui imputer la part qui lui revient dans le malaise français, il faut éviter d'être schizophrène en dénonçant des évolutions dont le pays profite. Aussi faut-il rappeler qu'à l'origine, il s'agissait de répondre – déjà – aux trois principales maladies françaises; du moins à celles que l'on avait décrites et diagnostiquées dans les années 70, qui étaient généralement admises comme telles par de larges secteurs de l'opinion.

La France, en 1981, était réputée souffrir de trois grands maux : la faiblesse de son appareil de production, l'excès de centralisation, un déficit chronique dans les relations sociales. Trois grands dispositifs législatifs ont été mis en place pour y répondre : la vague des nationalisations était censée redonner vie à l'appareil industriel; les lois de décentralisation ont imprimé à la marche des institutions un virage à 180°; enfin les lois Auroux ont été rédigées par Martine Aubry pour remédier à la faiblesse du dialogue social dans l'entreprise. Aucune de ces trois réformes ne peut être jugée inutile. Les nationalisations, du moins celles de certains grands groupes industriels, ont fait leur œuvre puisque, dans leur secteur, ces entreprises sont redevenues performantes et la France a repris sa place dans le peloton de tête des nations industrielles. La décentralisation n'est plus contestée par personne, et l'on en mesure même un certain nombre d'effets pervers, qui montrent que le processus a été non seulement assumé, mais peut-être trop bien compris. Quant aux lois Auroux, elles sont entrées dans les mœurs (au point de passer désormais inaperçues), même si le dialogue social n'a pas repris vie pour autant.

D'où vient alors que les choses aient mal tourné? Pourquoi la France est-elle allègrement passée d'1,8 million de chômeurs en 1981 à 3 millions dix ans plus tard, différence qui ne peut décemment être considérée comme un succès pour un homme dont la lutte pour l'emploi était l'un des chevaux de bataille? C'est en fait cette « autre logique » économique, dont le pouvoir se réclamait, qui a échoué. Le laisser-aller conjoncturel a, hélas, dominé la vie économique dès l'accession au pouvoir de François Mitterrand. Défilant sur les Champs-Élysées lors de son intronisation le 21 mai 1981, n'était-il pas resté sourd aux interpellations du Premier ministre qui venait d'être nommé, Pierre Mauroy, sur la situation du franc? Le président, tout à son plaisir d'être arrivé là, ne souhaitait pas être importuné en un tel jour. Comme si l'intendance pouvait empêcher la fête! Or, en 1981 les experts du CERES, la tendance de Jean-Pierre Chevènement, et des hommes comme Michel Rocard ou Jacques Delors étaient partisans d'une dévaluation forte, sorte de sanction monétaire du passif du régime précédent qui devait s'accompagner, pour les amis de Jean-Pierre Chevènement, d'une sortie du système monétaire européen. Il fallut attendre l'hémorragie de devises, dès le mois d'août, pour que le Gouvernement se décide à dévaluer. La dégradation conjoncturelle fut extrêmement rapide et culmina au moment du sommet de Versailles, en juin 1982, qui apporta la preuve que la France était incapable de relancer l'activité économique par la consommation populaire, qu'elle ne pouvait faire bande à part, ni se comporter comme si le reste du monde, notamment le monde industrialisé et développé, n'existait pas. Bizarrement, un Jacques Attali justifiait la relance de 1981 par l'espoir que la purge reaganienne réussirait suffisamment vite aux États-Unis, de telle sorte que les exportations françaises en seraient stimulées. Autrement dit, le succès d'une politique en France était fondé sur la réussite de la politique inverse aux États-Unis!

La nouvelle politique économique de relance par la consommation populaire, par les prestations sociales et l'augmentation des dépenses publiques se solda par un échec. La relance de la consommation eut bien lieu, mais elle entraîna une progression des achats à l'étranger qui déséquilibra gravement le commerce extérieur. Dès lors, on marcha tranquillement vers la rigueur. Le débat décisif eut lieu en mars 1983, au lendemain du second tour des élections municipales, sanctionnées par un net échec de la gauche. François Mitterrand tergiversa dix jours sur la politique à suivre, alors que la situation monétaire était dramatique. Deux politiques s'affrontèrent, celle de Jean-Pierre Chevènement et Jean Riboud, préconisant la sortie du système monétaire

européen, accompagnée d'une politique protection-
niste, et celle de Jacques Delors et Pierre Mauroy,
fidèles à une rigueur respectueuse des engagements
européens et qui craignaient que la sortie du SME ne
fût un saut dans le vide. Finalement, le ralliement de
Laurent Fabius au camp Mauroy-Delors emporta la
décision, et François Mitterrand donna carte blanche
à Jacques Delors pour un second plan de rigueur,
une troisième dévaluation, l'ancrage définitif de la
France dans l'Europe et le virage libéral.

C'est donc l'arrimage au système monétaire européen qui a servi de levier à la modernisation économique, telle qu'elle a été ensuite poursuivie avec obs-
tination par Pierre Bérégovoy. Si bien que l'équilibre
économique et la maîtrise du taux d'inflation sont à
porter à l'actif de la gauche. La réussite de la décennie se situe même dans la lutte contre la hausse des
prix, et les gains de productivité qui en résultent.
C'est ce que Pierre Bérégovoy a appelé la désinflation compétitive. Ainsi, le véritable apport de la
gauche à l'économie a été de démontrer que, dans le
monde d'aujourd'hui, il n'existe pas d'alternative à la
solidité de la monnaie et à la rentabilité des entreprises. Démonstration par l'absurde d'abord, puisque,
comme le dit Jean Boissonnat, la gauche française a
commencé par considérer la croissance de la production comme une donnée et la distribution des
richesses comme une volonté : « La gauche ne savait
toujours pas que ce n'est pas parce qu'il y a des
pompes qu'il y a de l'essence ou parce qu'il y a des
boulangeries qu'il y a du pain. » Démonstration par
l'action ensuite, avec une grande constance, et un
certain courage politique. L'une et l'autre ont valu à
François Mitterrand, à la fin de l'année 1990, de se
voir décerner un compliment en forme de monu-
ment dans les colonnes du *Financial Times* de
Londres : « L'économie française va bien, merci, et

chaque année qui passe, elle va de mieux en mieux : la croissance est bonne, l'inflation diminue, le franc est fort [...]. La plupart des gens pensent que la France est l'un des pays les plus chanceux du monde selon tous les critères de bien-être national et de qualité de la vie. » Dirigée par « un des hommes d'État les plus créatifs d'Europe », la France est devenue « une économie ouverte à monnaie forte ». Fermez le ban !

On imagine aisément tel ou tel dirigeant socialiste – le président peut-être ? – ne se séparant jamais de ces quelques lignes, véritable antidote contre la déprime instillée par une presse nationale que François Mitterrand trouve tellement « injuste ».

Car on pourrait parfaitement soutenir que cette maladie de « langueur », pour parler comme le président de la République, vient d'ailleurs. « Tout ce qui se passe en Europe nous fait un peu tourner la tête », assure Bronislav Geremek. Il a raison : la tête nous tourne à mesure que l'histoire s'emballe. Le contraste n'en est que plus cruel avec une France qui contemple son nombril.

Il y a deux siècles, Emmanuel Kant avait interrompu sa promenade quotidienne pour célébrer la prise de la Bastille. Le 9 novembre 1989, le mur de Berlin est tombé, l'ordre de Yalta s'est défait avec lui, mais la France n'a pas interrompu un seul instant sa promenade somme toute paisible. Comme de leur côté les intellectuels ne sont pas dans une phase de grande créativité, et semblent se contenter, pour les meilleurs d'entre eux, d'une activité de commis voyageur des valeurs de 1789 (ce qui n'a rien de déshonorant), notre appétit d'universalisme est loin d'être comblé.

Nous lui avons substitué une propension à la contemplation et à la commémoration, qui semble avoir été la dominante de ces années tranquilles, mais moroses. A peine soufflées, à gauche, les bougies du bicentenaire de la Révolution, se sont allumées, à droite, celles du centenaire de la naissance de Charles de Gaulle. D'ailleurs, qu'il s'agisse des gaullistes, tentés par le fondamentalisme d'un Charles Pasqua ou d'un Philippe Séguin, ou des socialistes, invités par Lionel Jospin à « réconcilier la gauche avec elle-même », aucun courant politique n'a pu, pendant cette période, échapper au rétrécissement de son champ de vision et à la multiplication des aventures, des ambitions individuelles. En fin de compte, tout le monde s'est résigné à n'avancer qu'à l'aveugle. Résultat : alors que l'histoire s'emballait, la France regardait passer les trains. Voilà un sérieux motif d'insatisfaction, fût-elle confusément ressentie.

Une France officielle apathique, une France privée redevenue tranquillement consommatrice : l'une et l'autre ont-elles pour autant décidé de passer à côté d'une exigence plus forte ? Nos traditions, il est vrai, sont parfois des infirmités qui alimentent, à leur tour, le pessimisme ambiant. Ainsi du goût des scandales, de ce plaisir pris à découvrir, à dénoncer des vilénies, des corruptions, des affaires louches. Nulle maison transparente ne saurait s'en plaindre, sans doute ; mais la soif de médire et la promptitude à la calomnie qui l'accompagnent remplissent les conversations, nourrissent les médias, et se substituent à la réflexion.

Peut-être faut-il aussi, plutôt que de faire le procès d'un homme, incriminer la façon dont nous nous figurons l'histoire. Nous retenons Louis XIV, mais pas 1715 ; Napoléon, mais pas 1815 ; le Second Empire, mais pas 1870 ; la Grande Guerre, mais pas la ruine démographique ; la IIIe République, mais pas 1940, et ainsi de suite. Il existe une France qui, au fond, déprime quand elle n'est pas engagée dans une grande cause, ou quand elle n'est pas emportée par le tragique de l'histoire. Longtemps les révolutions et les guerres nous ont maintenus dans un état de fièvre. Longtemps les catastrophes, chez nous ou ailleurs, nous ont apporté un peu de cette exaltation dont nous avons besoin. Mais que reviennent les jours tranquilles, les vacances et les gains de productivité comme perspectives uniques, et la France tombe malade de son moi. Voilà encore une autre cause de la schizophrénie française.

Entre la guerre de 14-18 et le traité de Maastricht, il y a le temps d'une vie humaine. Or c'est une transformation fantastique, immense que la France a traversée. Mieux même : en une petite trentaine d'années, les changements radicaux ont été si nombreux qu'il serait plus rapide de recenser les secteurs qui y ont échappé. Il suffit pourtant, pour mesurer le chemin parcouru, de se souvenir que depuis 1870 la population française stagnait autour de 40 millions. Nous sommes aujourd'hui près de 60 millions. La durée moyenne de vie, qui sous la IVe République était de 64 ans pour les hommes et de 70 pour les femmes, a été portée respectivement à 72 et 80 ans. En 1918, la France était encore une société à dominante rurale ; aujourd'hui elle se demande comment préserver 700 000 à 800 000 exploitants agricoles. En 1918, la France était une nation de paysans ; aujourd'hui elle est un pays de banlieusards, majoritairement ouvriers et employés du secteur tertiaire. Les ouvriers industriels, contrairement aux prévisions des visionnaires qui voyaient croître et multiplier l'armée des prolétaires, ont eux aussi fortement diminué pour ne plus représenter que 30 % de la population active. Mais surtout, la situation juridique et sociale du monde du travail a considérablement changé : salariat ne signifie plus prolétarisation, sauf pour les travailleurs immigrés et les chômeurs de longue durée. Encouragés par le développement du crédit, plus de la moitié des Français sont aujourd'hui propriétaires de leur logement.

On pourrait ainsi continuer l'énumération en faisant la part de ce qui revient à l'un ou l'autre des septennats de la Ve République. Et l'on peut aussi soutenir, avec René Rémond, que, « loin de s'être affaiblie à l'épreuve du temps et des événements, l'unité du pays s'est plutôt renforcée, même si les circonstances ne donnent pas aux Français l'occasion de l'éprouver ». « L'évolution de la société, dit-il encore, a travaillé à fondre les Français en un ensemble plus homogène ; les différences régionales se sont estompées. L'opposition entre la capitale et les provinces s'est atténuée. » Il existe en effet de nombreux pôles d'activité, des technopoles, qui nourrissent le tissu économique et social de ce qui n'est plus tout à fait la province. La généralisation de l'enseignement a été un autre puissant facteur d'unification. Si bien, poursuit René Rémond, que la politique, que l'on présente toujours comme « attentatoire à l'unité d'un peuple par les divisions qu'elle suscite, n'a pas peu contribué à faire de tous ceux qui vivent dans l'Hexagone un même peuple ». Par ses divisions, précisément. Car celles-ci instaurent un débat commun : peu importe que les réponses divergent si les questions sont les mêmes ! A l'inverse des phénomènes qui se développent en Italie, et qui opposent les habitants d'un Nord développé, dynamique et puissant, à ceux d'un Sud « tiers-mondisé », ou des divisions ethniques et religieuses qui agitent la Grande-Bretagne, la force méconnue de la politique française est de ne pas connaître (sauf en Corse) de revendications particulières. Que dirions-nous si, en lieu et place du Front national, nous avions, à l'instar des ligues lombardes, une ligue vendéenne, une ligue alsacienne, une ligue occitane ?

La « dérégionalisation » du vote français témoigne

de cet avantage : c'est ainsi que le PS, dans les années 70, a pu s'implanter en Bretagne, puis dans une moindre mesure en Alsace, dans les années 80, pays conservateurs, tandis que la droite libérale s'enracinait parallèlement dans le Sud-Ouest occitan, vieille terre radicale, et le centrisme dans le Nord ouvrier, au détriment de la gauche. Cette « nationalisation » des attitudes politiques (l'ouvrier catholique votant à gauche, le bourgeois franc-maçon évoluant vers la droite) est également un facteur d'unité.

Mais revenons à l'histoire. La France, lorsqu'elle se regarde, voudrait incarner tout à la fois la liberté, la morale, la lumière du monde. Elle s'attribue l'infaillible mission de séparer le Bien du Mal, d'être héroïque dans la guerre, généreuse dans la paix, bref d'être la meilleure; sublime, forcément sublime, comme dirait Marguerite Duras. Mais a-t-on bien mesuré le coup que la fameuse guerre du Golfe a porté à quelques-uns de nos mythes nationaux, qu'ils soient de gauche (l'antiaméricanisme et sa version positive, le tiers-mondisme), de droite (l'indépendance nationale, la politique dite arabe de la France), ou du centre (la perspective d'une Europe supranationale)? La guerre a, en effet, jeté une lumière crue sur notre réalité, et alimenté à son tour le mal français, version fin de siècle.

Prenons la référence au gaullisme. A travers l'engagement belliqueux de la France dans l'opération « Tempête du désert », elle est devenue de plus en plus historique, de moins en moins opérationnelle; elle a cessé de porter des interdits. Ainsi le renouvellement de notre rapport aux États-Unis, notre vision de l'ONU, notre idée des rapports avec les pays arabes et notre vision de la construction européenne ont-ils été fortement infléchis et ont modifié à leur tour notre façon de voir.

L'antiaméricanisme? Pendant la guerre du Golfe,

la France a joué sans complexe le soutien à l'Amérique. C'était chez François Mitterrand une constante personnelle, alors que de Gaulle pratiquait un démarquage systématique. Mais l'opinion française elle-même, tous électorats confondus, n'est-elle pas devenue majoritairement proaméricaine, imbriqués que nous sommes dans l'américanosphère ? Le tournant opéré pendant la guerre du Golfe prend ainsi tout son sens. Si la France officielle a pu espérer, par ce jeu, exercer une influence sur la ligne américaine – espoir demeuré vain, souvenez-vous : nous faisions la guerre pour pouvoir être à la table des négociations, lorsque celles-ci s'ouvriraient, pour tenter de mettre un terme au conflit israélo-arabe ; or il a fallu attendre la victoire des travaillistes en Israël pour que nous soyons sollicités –, la France profonde, elle, ne se distinguait pas fondamentalement de l'Amérique. Elle s'est peut-être même davantage identifiée au général Schwartzkopf qu'au général Roquejoffre.

Sans doute faut-il y voir le résultat des puissants mouvements d'unification culturelle et d'homogénéisation idéologique que l'Amérique continue de conduire. Ces évolutions ne suppriment pas la réalité des conflits d'intérêt, comme en témoigne la guerre commerciale qui oppose l'Europe aux États-Unis, ou bien les divergences diplomatiques et militaires qui séparent Paris et Washington ; mais la perception de ces conflits est nettement atténuée.

Et que dire de l'ONU ? Le « machin » brocardé par le Général est devenu l'un des axes de la politique du pays, accrochés que nous sommes à cet attribut de la puissance qu'est le siège de membre permanent au Conseil de sécurité. Au-delà, les Nations Unies sont pour la France d'aujourd'hui le lieu où se forge l'État de droit international. François Mitterrand a donné à cette conviction forte un début de concrétisation qui, à elle seule, vaut bien un bulletin de victoire.

L'Europe? La France s'était arc-boutée sur la construction des Douze pour y intégrer la surpuissance allemande tout en la tempérant. Aujourd'hui, la guerre du Golfe a dissipé l'illusion d'un rapport de forces entièrement favorable à l'Allemagne, celle-ci étant absorbée par sa propre unification. L'indépendance, enfin : la conscience des interdépendances multiples et variées a conduit à la recherche de nouvelles solidarités, qui n'interdisent pas une réelle autonomie. La politique extérieure d'aujourd'hui, c'est-à-dire notre façon d'être dans l'histoire, a donc peu de choses à voir avec ce qu'elle était il y a seulement dix ans.

Ces changements ne sont pas perçus pour ce qu'ils sont. Aussi alimentent-ils, à leur tour, la thématique désormais classique du déclin. Douze ans, c'est le temps qu'il a fallu à François Mitterrand pour se défaire de ce qui apparaîtra, avec le recul, comme une parenthèse, à savoir le Mitterrand premier secrétaire du PS, celui qui faisait un bout de chemin avec la vulgate marxiste et tiers-mondiste pour ratisser plus large dans la conquête du pouvoir. Douze ans pour adopter un nouveau cours extérieur qui est un aggiornamento, une sorte d'ultime conversion au réalisme, suite logique du tournant libéral des années 1982-1983. Hélas! on touche là, en fait, à un autre aspect de la schizophrénie nationale.

Au refus des citoyens de voir la France telle qu'elle est, en maugréant que tout va mal, fait écho celui des dirigeants, qui eux proclament que tout va bien, ou presque. Les uns et les autres sont unis dans une même répugnance à affronter la complexité de la société. Or, à moins d'avoir une vision purement machiavélienne du pouvoir, de croire qu'il n'est qu'une technique permettant de jouer des divisions de la société pour mieux penser la reproduction de l'ordre établi, il faut bien rendre ce pouvoir comptable des lames de fond qui font la vie d'une société et qui, parfois, l'emportent. La ville et les banlieues sont un exemple qui montre que l'on ne peut se contenter, lorsqu'on veut appréhender une réalité, d'avoir les yeux fixés sur un tableau de bord économique, ou sur le niveau record de la désinflation.

Depuis les années 1979-1980, il est admis que le mal court dans les banlieues; et, au sein de ces banlieues, dans des communautés ethniques où se concentrent un fort taux de chômage et parfois un niveau de délinquance élevé. Mais on oublie de dire que plus de la moitié de la population du pays vit en banlieue. Le problème n'est donc pas celui de quelques endroits à risque, de quelques quartiers qu'il faudrait surveiller, de quelques milliers de jeunes qu'il faut « aérer » d'urgence pour éviter un été chaud. Il n'est pas non plus seulement celui des beurs, ou des Antillais de telle ou telle banlieue. Il est celui d'une bonne moitié de la population française. Là encore, on peut observer, et objecter, que le paysage urbain britannique est bien plus inquiétant que le nôtre : les émeutes suburbaines ont rythmé les années Thatcher et continuent d'embraser les années Major dans l'indifférence générale. Et que dire des journées de pillage et de terreur qu'a connues Los Angeles, vingt ans après les soulèvements urbains de 1965 ? *No peace, no justice*, disait déjà Martin Luther King. Que l'Amérique sacrifie le social au rêve impérial (1965, c'est l'année des bombes sur le Vietnam) ou au dogme libéral (années Reagan-Bush), on se disait bien que les oubliés finiraient par se faire entendre. Mais de là à réaliser que nous sommes peut-être « sur la même pente », comme l'a lancé aussitôt après les émeutes de Los Angeles un Jean

Poperen à peine sorti du gouvernement, il y a un abîme que personne ne voulait franchir. Le maire de Mézieux, dans la proche banlieue de Lyon, sait pourtant bien que c'est dans une autre commune proche de la capitale des Gaules, à Vaulx-en-Velin, que de graves incidents avaient éclaté plusieurs mois auparavant entre les jeunes et des policiers. De là étaient nées l'idée d'un ministère de la Ville et une politique active menée en direction de quatre cents quartiers en difficulté, répertoriés comme tels, et faisant l'objet d'un programme spécifique.

Voilà pourtant plusieurs années que l'on savait que, loin derrière la France qui gagne, la France en mouvement, s'enlisait la France du sur place, celle dont le pouvoir d'achat régresse, celle qui subit des écarts de revenus accrus, parce que le travail continue d'être lourdement taxé au moment où le capital ne l'est presque plus. Ce fossé entre « les puces » de la haute technologie et les Minguettes, comme le dit Jean-Michel Gaillard, est depuis longtemps connu, observé, répertorié, analysé. Si Jean Poperen, bel exemple à lui seul de cette schizophrénie nationale, est excessif dans son propos, il y a tout de même quelque chose de commun entre la France et l'Amérique : des lieux à la dérive, peuplés de gens qui pour la plupart désespèrent de l'avenir, un taux de chômage énorme chez les jeunes, des familles qui connaissent des difficultés économiques terribles, un face à face entre des cités-ghettos et la police, seule institution à représenter auprès d'elles l'État, la Cité, la Société. Et il faut y ajouter une spécificité française qui concentre à elle seule beaucoup de nos problèmes urbains. Nul en effet parmi les douze pays de la Communauté européenne n'a fait, comme la France, le choix d'une seule place forte, à savoir Paris et l'Ile-de-France, qui concentre 40 % du produit national. Ce privilège a certes longtemps été combattu à coups de décrets incitatifs et de promesses de primes. Mais les deux années de cumul par Jacques Chirac des fonctions de maire de Paris et de Premier ministre ont rapidement contribué à recréer les conditions d'un formidable déséquilibre et, pour l'Hexagone, d'une véritable thrombose. Ainsi pendant deux ans – 1986-1988 – aux 4 millions de mètres carrés de bureaux programmés dans les Hauts-de-Seine, à l'ouest de Paris, n'ont correspondu que très peu de logements à l'est. Cette situation provoque une paralysie quotidienne entre l'Est et l'Ouest de la capitale, Paris intra-muros devenant un cœur réservé à une population privilégiée. La France savait vivre à la campagne. En ville aussi, du plus loin de son passé, bourgeois. Mais pas dans ces concentrations urbaines sans histoire ni mémoire qui prolifèrent aux périphéries des vieilles cités. Pourtant, il est urgent aujourd'hui d'appliquer au problème des banlieues des solutions qui avaient été imaginées avec efficacité par l'État pour la construction des villes nouvelles : une forte concentration de moyens, une prise en mains directement par l'État, et quelques grands commis pour mener à bien des opérations qui ne se contenteraient pas de réhabiliter certains quartiers, mais reconstitueraient l'ensemble du tissu urbain. Et qui naturellement commenceraient par casser ce qui existe en brisant ces immondes barres de béton qui tiennent lieu d'habitat, et en les remplaçant par des villes où l'on puisse vivre, et non simplement survivre.

Sans aller jusqu'à prétendre que les artistes sont des prophètes, les politiques feraient bien d'aller de temps en temps au cinéma. Ils y verraient des films qui, comme ceux de Jean-Jacques Beineix, paraissent annonciateurs de périodes de violence, par définition régressives, où s'affrontent ces gens qui sont rejetés à la périphérie de la ville, du confort, de la civilisation, et ceux qui ont le privilège d'habiter le cœur des cités.

La prospérité du pays est réelle, mais jamais celui-ci n'a eu aussi peur de son avenir immédiat. Les problèmes de la société française ne sont pas insurmontables, mais jamais la classe politique n'a paru aussi loin des préoccupations du pays, au point de sembler prendre une place démesurée au regard des services qu'elle rend à la collectivité. Ce qui aujourd'hui peut être jugé intolérable, c'est que le pouvoir donne l'impression de tourner à vide, ou en rond. Ce qui est dangereux, c'est ce dégoût du politique qui caractérise l'opinion. Mais peut-on attendre de la société un peu moins de passivité, et un peu plus d'engagement ?

Chapitre 2

UNE SOCIÉTÉ ILLISIBLE

La France ne manque pas d'atouts pour affronter le monde moderne. Encore faudrait-il renouer le lien perdu entre politique et société, afin que la première puisse retrouver son rôle : être l'instrument des choix collectifs de la seconde, et la gardienne de la cohésion sociale. Pour le plus grand nombre, la politique n'est plus l'instance de traitement des problèmes et de préparation de l'avenir : s'il y a 3 millions de chômeurs dans un pays par ailleurs prospère, c'est que la politique ne sert à rien. Si elle ne sert à rien, ceux qui en vivent cessent d'être des professionnels reconnus, pour devenir les membres d'une « privilégiature », les parasites d'une nomenklatura. Si bien que Jean-Louis Bourlanges a raison d'écrire : « C'est l'impuissance des hommes politiques qui fait fondre sur eux l'accusation de corruption... Tant que l'homme politique incarnait soit l'espérance du changement salvateur (à gauche), soit la certitude de l'inviolabilité du sanctuaire (à droite), il était nimbé d'une auréole sacrée laissant dans l'ombre les menus compromis, prébendes ou turpitudes dont sa vie quotidienne était tissée. » Et Jean-Louis Bourlanges (lui-même député européen et élu régional de centre-droit) d'expliquer, avec raison, que le changement d'attitude des Français à l'égard de la politique a quelque chose de comparable à celui qui avait atteint l'Église au XVIIIᵉ siècle. Les prêtres de l'Ancien Régime ont été balayés parce qu'ils avaient cessé d'incarner la foi. Cette désacralisation du politique est certes l'une des tendances longues de la vie de notre société : elle s'inscrit dans un patient processus de démocratisation, qui a conduit successivement à désacraliser le monarque, puis l'État, puis enfin ces prêtres laïques que sont les représentants élus. Mais le prix à payer est élevé : l'espérance a quitté la sphère du public pour se réfugier dans celle du privé.

Dès lors il devient plus difficile, et plus nécessaire, de capter les attentes individuelles. Malheureusement, les hommes politiques n'en sont plus capables, et pour une raison simple : ils ne savent plus lire la société. Comment, à plus forte raison, pourraient-ils l'interpréter ? S'ils ne savent plus la lire, c'est en partie parce que la société, à force de demandes contradictoires, ou incohérentes, est devenue elle-même illisible. La seule lisibilité reconnue est celle du « chacun pour soi », dont la montée, et bientôt le triomphe, ont été la caractéristique principale de la décennie 1980-1990. L'étude du comportement des Français pendant cette période a en effet montré d'une part que l'égalitarisme n'avait plus cours, et d'autre part que toute limitation de la liberté individuelle était mal supportée. Cette attitude allant pour une majorité de Français jusqu'au refus de toute contrainte (dans l'usage de la voiture, par exemple). C'est ainsi que Georges Sarre a eu toutes les peines du monde à faire accepter le « permis à points », le motif des vies humaines qui seraient ainsi épargnées n'ayant pas été jugé pertinent par bon nombre de Français. L'individualisme tend donc à prévaloir sur la rationalité civique. De même, la proportion de Français adhérant à une association sportive pour des motifs purement personnels l'emporte nettement sur ceux qui mettent en avant le goût de l'action collective. Dans ce contexte, où le principal facteur d'uniformisation de la société est l'adhésion à une culture de l'argent, comment s'étonner d'une certaine forme de dépolitisation ? Au reste, celle-ci n'étonne plus : la rupture entre la classe politique et le citoyen, la désaffection à l'égard de la politique elle-même, la démobilisation, la langue de bois, tout cela est entré dans le langage courant au point d'être aujourd'hui des lieux communs.

En France, le principal instrument de mesure du lien entre la politique et la société reste la participation électorale. D'ailleurs, l'interrogation sur la dépolitisation est née à la suite d'un certain nombre de consultations électorales qui ont montré les unes un fléchissement, les autres un effondrement de cette participation. Ce phénomène a d'autant plus frappé les esprits qu'il est relativement récent. Naturellement, le taux de participation varie en fonction de la consultation. Ainsi l'élection présidentielle reste-t-elle, pour les Français, la consultation par excellence où ils ont le sentiment que leur bulletin de vote sert à quelque chose, signifie un choix déterminé, leur permet de peser sur leur devenir collectif. Ces mêmes raisons expliquent d'ailleurs le succès du référendum sur Maastricht. Vient ensuite une sorte de dégradé selon le degré de proximité entre l'élu et l'électeur, l'élection municipale venant en tête et celle des conseillers généraux en milieu urbain en queue : il est rare que dans une grande ville le citoyen connaisse ne serait-ce que le nom de son conseiller général, s'il connaît l'existence du canton et du conseil général.

Naturellement, l'historien sait que cette interrogation est périodique, qu'en France l'histoire des relations entre la société civile et la politique peut être analysée comme une alternance de cycles généralement brefs d'intense politisation, liés à des situations de crise, à des drames, et de périodes plus longues de démobilisation, de désintérêt, ou tout simplement d'indifférence. René Rémond nous rappelle, par exemple, que dans la culture politique française, les institutions représentatives sont le plus souvent décriées. « Les Français sont démocrates; ils ne sont pas parlementaires », a coutume de dire l'auteur de *Notre Siècle*. Il y a en effet un anti-parlementarisme latent qui ne demande qu'une circonstance favorable pour s'exprimer.

Nous sommes, bien sûr, dans un tel cas de figure. Les facteurs qui y contribuent sont connus. Certains sont purement conjoncturels : l'amnistie relative aux financements des partis politiques et des campagnes électorales, mal expliquée, mal comprise, a eu un effet désastreux non seulement dans l'opinion, mais aussi dans la magistrature, qu'elle a littéralement dressée contre le pouvoir en place. Cette amnistie – par laquelle les socialistes souhaitaient « remettre les compteurs à zéro » dans ce domaine, c'est-à-dire passer l'éponge sur des lustres d'illégalité et de financement occulte – est d'ailleurs à rapprocher du phénomène qui s'était produit en 1956 suite à l'invalidation de onze députés poujadistes. Celle-ci était juridiquement correcte, mais politiquement erronée : l'opinion l'avait interprétée comme une manœuvre et l'avait inscrite au passif du parlement. Au point que cette invalidation avait contribué fortement à alimenter le désintérêt, la grogne, puis la colère envers les institutions de la IVᵉ République. Les conséquences de la loi d'amnistie et la guérilla contre le pouvoir qu'a décidé de mener une partie de la magistrature ont des effets tout aussi pernicieux. Ceux-ci sont amplifiés par la médiatisation de la vie publique, qui comporte par elle-même un effet multiplicateur puisque les gouvernants, les représentants élus agissent sous l'œil des caméras, et donc sous le contrôle constant de l'opinion. Le citoyen, qui ne vit pas de la politique, qui est étranger à ces jeux, a rapidement et inévitablement le sentiment d'un décalage entre le langage de la classe politique et le sien, entre les préoccupations tactiques de la politique, et les aspirations immédiates de la population. La médiatisation est telle qu'elle oblige, par exemple, un Premier ministre à jouer la responsabilité de son gouvernement au journal télévisé de 20 heures plus sûrement qu'à l'Assemblée nationale. Elle est donc, dans ce domaine, source de saturation et d'incompréhension.

Outre ces facteurs conjoncturels, il y a des éléments structurels. La crise des idéologies, la faillite des grands systèmes de pensée ont un rôle dans le reflux apparent du politique, de même que le caractère artificiel de la distinction entre droite et gauche. Non pas que la droite et la gauche aient cessé d'exister, mais ces notions, comme dans toutes les périodes historiques où se produisent des chassés-croisés, ne sont plus aisément perceptibles par l'opinion.

Cependant, la mort des utopies ne doit pas servir à exonérer les partis politiques de toute responsabilité pour leur immobilisme, leur déficit de communication, leur incapacité à mobiliser des militants, leur manque de démocratie interne. Au reste, alors que le « centralisme démocratique » s'est effondré partout, nos grands partis continuent de le respecter. Censés être les vecteurs de la démocratie, ils se gardent bien, dans leur vie interne, de la pratiquer vraiment. Leur principale règle de fonctionnement reste le verrouillage du sacro-saint appareil, la devise des dirigeants est toujours : je tire sur tout ce qui bouge! Curieux et désastreux paradoxe! En vérité, les représentants sont bien souvent responsables de la dégénérescence de leurs organisations.

L'affaiblissement du lien entre politique et société est indissociable des évolutions plus longues de la société française qui touchent, par exemple, le Parti communiste et l'Église catholique. Voilà bien deux institutions qui ont été à l'origine de l'engagement politique de centaines de milliers de gens, et dont l'affaiblissement contribue à laisser le champ libre à l'individualisme, au repli sur la vie privée et aux préoccupations strictement personnelles.

En outre, la sphère du politique s'est elle-même considérablement réduite, à la fois par le haut et par le bas. Par le haut, à cause des instances européennes : il n'est pas rare que, dans des domaines où, traditionnellement, le parlement et le Gouvernement étaient souverains, la décision soit aujourd'hui prise à Bruxelles, à l'issue d'une négociation entre douze gouvernements. L'extraordinaire ramification des décisions européennes, le fait qu'elles touchent à des aspects de la vie quotidienne, aussi frappants et ridicules que la chasse aux tourterelles ou la qualité des fromages, illustrent bien ce dessaisissement. Celui-ci opère également par le bas puisque la France s'est engagée dans une politique de décentralisation qui a eu pour effet, là encore, de transférer un certain nombre de compétences de l'échelon national vers l'échelon départemental ou régional. A l'évidence, ce système ne fonctionne que trop bien puisqu'un certain nombre de féodalités ont ainsi pu se reconstituer. Et qui dit féodalités, dit pouvoir central battu en brèche. Le rétrécissement par le bas tient aussi à la prospérité elle-même, à la réussite d'une politique économique qui a redonné force et puissance à un certain nombre de groupes financiers et industriels. Ces derniers, forts de leur autonomie retrouvée, n'en réfèrent plus à la moindre occasion à un pouvoir central dont ils dépendent de moins en moins.

44

Au reste, ce dessaisissement nous est rappelé chaque jour : il suffit d'allumer la radio. Chaque matin, celle-ci nous informe du cours du yen et de l'indice Nikkei, c'est-à-dire du cours moyen de la Bourse de Tokyo. Si cette information prend une telle place, c'est qu'elle n'est pas sans influence sur la vie économique du pays, donc sur la vie quotidienne de tout un chacun et de l'auditeur que je suis en particulier. Mais comment diable faire le lien entre le bulletin de vote que je glisse tous les cinq ou sept ans dans une urne et le cours de la Bourse de Tokyo ? La vie moderne est ainsi faite, et la mondialisation de l'économie à ce point puissante, que toutes deux contribuent fortement à affaiblir la relation entre politique et société, à nous conforter dans l'idée de l'impuissance du politique. Ajoutons à ces phénomènes l'extinction progressive de quelques-unes des grandes querelles qui ont, pendant des lustres, donné leur sens aux débats politiques, suscité des passions, motivé les militants. En une dizaine d'années de gestion socialiste, un consensus fondamental s'est fait sur certaines questions, qu'il s'agisse du respect des grands équilibres économiques, de l'école privée, du rôle du profit et de l'entreprise. Dès lors, qu'y a-t-il de surprenant à ce que certaines des divisions politiques soient aujourd'hui caduques ? Il est naturel, au contraire, d'attendre les reclassements et les recompositions qui permettront d'inscrire dans le paysage politique ces évolutions. Et aussi d'attendre de nouveaux enjeux.

Mais l'opinion ne l'entend pas ainsi. Pour une partie non négligeable du pays, le coupable existe : c'est précisément le consensus, aussitôt qualifié « mou » par un certain nombre d'hommes politiques et d'intellectuels pour mieux le discréditer. Naturellement, cet épithète est un peu infamant : dans la hiérachie de la résistance des matériaux, le dur est toujours préféré au mou. Au départ, cette querelle avait une visée immédiate, puisqu'il s'agissait pour quelques hommes politiques venus de l'extrême gauche trotskiste et encouragés par l'Élysée (dont le député Julien Dray est, avec Harlem Désir, la figure la plus connue) d'affaiblir le gouvernement Rocard, coupable d'afficher une visée consensuelle.

Ensuite et plus sérieusement, d'autres ont fait valoir que la démocratie est inséparable de la possibilité pour le citoyen d'arbitrer, de choisir entre deux positions clairement définies, clairement tranchées : en l'absence d'une telle alternative le débat perd son sens et l'opinion se démobilise. Chemin faisant, les uns et les autres oublient que la différence entre la démocratie et le totalitarisme réside dans le postulat que les choix démocratiques sont des choix relatifs, que personne ne détient la vérité absolue car il n'y a pas de politique scientifique, que c'est justement dans la conviction qu'une doctrine est scientifique que gît en partie la responsabilité du totalitarisme et de l'intolérance, et que la démocratie n'est pas sans recherche d'une solution qui recueille un accord suffisamment général. La démocratie, c'est la conviction qu'il y a des transactions possibles, des compromis nécessaires et, donc, que le consensus est un objectif respectable.

D'ailleurs, Michel Rocard, adepte s'il en fut du consensus, n'eut d'autre but que de commencer à codifier la démocratie d'opinion, forme moderne et inexplorée de la démocratie, en posant une règle simple. Jusqu'alors, il était admis qu'une décision était « démocratique » si elle était adoptée dans les formes requises, c'est-à-dire par le parlement (le plus souvent, soit dit en passant, dans la plus parfaite indifférence). Désormais, il faudrait aussi que la prise de décision ait été guidée par la recherche d'un consensus. Cette louable tentative fut interrompue par la vilaine querelle du « consensus mou ». En lieu et place d'un nécessaire débat sur l'exigence démocratique, la France, pays qui révère et honore les intellectuels, a laissé surgir une sorte de poujadisme démocratique. A côté de la démagogie du Front national, à côté du poujadisme partisan qui se nourrit de la récupération systématique et méthodique des innombrables mécontentements, et du puissant dédain à l'égard de la politique, est apparu un poujadisme intellectuel, parfois de bonne foi, souvent brillant, qui a paradoxalement facilité les progrès de Jean-Marie Le Pen. En cela, la situation que nous connaissons est radicalement différente de celle de l'entre-deux-guerres. A l'époque, la contestation du système était double : fascisante et communisante. Elle avait pour cible la démocratie elle-même, cosmopolite pour les uns, bourgeoise pour les autres. Soixante ans plus tard, ce n'est pas la démocratie que ces intellectuels-là veulent atteindre. Au contraire, c'est au nom de la démocratie que l'on condamne ses relais naturels. Ce ne sont pas les valeurs démocratiques que l'on fustige, mais ce sont elles que l'on met en échec en déconsidérant ceux qui s'en réclament.

Ainsi, dans la société française, de plus en plus de gens considèrent qu'au fond la politique elle-même pervertit la démocratie. Dans les années 30, les intellectuels faisaient de la politique pour contester l'ordre social et institutionnel. Aujourd'hui, ils pensent pouvoir la défendre en la méprisant. La politique et ceux qui la représentent, objectera-t-on, l'ont bien cherché. Mais c'est oublier que la démocratie, ce sont d'abord des institutions, des relais, des contre-pouvoirs, des élus, des partis. Il est dangereux de vouloir faire croire que tout est manipulation, que le citoyen est voué à n'être que le dindon de la farce. Il y a danger particulier dans un pays, le nôtre, qui est doté d'un système de représentation faible. Faiblesse originelle que n'ont interrompue que les parenthèses que furent le Front populaire puis la Libération : hormis ces deux périodes bénies, nous avons toujours eu des partis et des syndicats dramatiquement faibles. Si bien que lorsque survient une crise de la représentation, celle-ci est plus durement ressentie que la réalité de la crise elle-même, car elle touche un organisme déjà malade. Pour se protéger, les partis comme les syndicats se sont davantage intégrés dans les mécanismes de l'État ; ils en sont devenus tributaires (notamment pour leur financement) au-delà de ce qui est raisonnable et se sont ainsi davantage coupés du pays.

Il est dangereux de laisser penser que la « République des nuls » aurait succédé à la « République des incapables ». Celle-là même que dénonçaient en 1956 Pierre Poujade et son émule prometteur, le jeune député Le Pen.

Tous les thèmes qui ont miné la IVe République sont là : l'instabilité dans la gestion du régime d'hier est remplacée aujourd'hui par la stabilité dans l'impuissance. Pour parachever la comparaison, il suffirait de considérer l'immigration comme le problème colonial qui ne manquera pas de faire tomber la Ve République. Chacun sent bien que, pour un certain nombre de beaux esprits, la première tentation est de se tourner vers un homme providentiel. Régis Debray illustre ce qu'il faut bien appeler une régression lorsqu'il nous invite à méditer sur nos deux grands hommes, Napoléon et Charles de Gaulle, en suggérant que François Mitterrand serait au Général ce que Napoléon III fut à Bonaparte : le « petit ». L'appel à l'homme fort, l'hymne à l'autorité historique sont précisément l'une des cordes sur lesquelles joue traditionnellement le courant antidémocratique.

La seconde tentation est une sorte de surenchère démocratique. Elle consiste à mettre en avant des solutions comme le référendum d'initiative populaire, qui permettrait au peuple de redevenir le maître d'un destin que lui confisquent ses représentants. Or le « toujours plus » de démocratie constitue souvent le déguisement de l'exigence populiste. « L'intérêt des politiciens correspond rarement à celui du peuple », expliquait naguère Jean-Pierre Stirbois, numéro deux du Front national, idéologue de l'extrême droite prématurément disparu dans un accident de la route.

La troisième tentation est, d'une certaine manière, aristocratique ; elle est fortement représentée dans la sphère des intellectuels qui ont coutume d'opposer les « compétents » de la « société civile » aux incompétents de la classe politique ; elle conduit à exiger des hommes politiques ce qu'ils ne peuvent donner ; elle feint de croire que tout commence en politique, et tout finit heureusement en technique. Hélas, si l'on en juge par l'origine professionnelle de la plupart des responsables de nos grands partis, majoritairement issus de l'ENA, ce gouvernement des meilleurs est en place depuis belle lurette!

Peut-être faudra-t-il cesser de croire que la démocratie n'était belle qu'au temps où elle était violemment contestée. Elle peut, et elle doit vivre tout autant grâce à un large consensus sur la règle du jeu, autour des valeurs républicaines. Mais ceux qui cherchent à réhabiliter l'engagement et la vie politique doivent, sans doute, se tourner vers ce que le philosophe allemand Jürgen Habermas appelle « une éthique de la discussion », c'est-à-dire un effort de la société sur elle-même. Celui-ci est plus que jamais nécessaire si l'on ne veut pas que les logiques de pouvoir soient purement et simplement livrées à elles-mêmes. De Boris Eltsine à Ion Iliescu, en passant par le dernier Lech Walesa, le populisme a suffisamment progressé en Europe pour que l'on cherche à éviter qu'il ne s'installe un jour à Paris, capitale d'une République qui n'est pas encore moderne.

Hier, l'État contrôlait tout : la télévision, les radios, les collectivités locales, les entreprises publiques. Il pesait même d'un poids très lourd sur un certain nombre de grands secteurs privés qui vivaient dans une étroite dépendance à son égard. Dans un tel système, dit « colbertiste » pour montrer à quel point il nous est consubstantiel, il ne fallait pas être grand clerc pour s'apercevoir que d'immenses « espaces de liberté » pouvaient être ouverts sans plus tarder. Ce thème fit d'ailleurs les beaux jours des deux dernières campagnes présidentielles de François Mitterrand, en 1981 comme en 1988. Hier, donc, les revendications et les aspirations des Français pouvaient être condensées en un seul slogan, confondues dans un même mot d'ordre général de liberté. Elles touchaient aussi, bien sûr, les conditions économiques du pays, notamment le pouvoir d'achat des classes moyennes et des couches les plus défavorisées de la population. Mais quelle perspective politique est plus exaltante que celle qui consiste à élargir le champ d'exercice de la liberté ? Toutes ces demandes, en tout cas, étaient alors faciles à interpréter. Puis, au cours des deux septennats de François Mitterrand, s'est instaurée une véritable synthèse, reposant sur le pari suivant : l'État va se retirer, la société va s'organiser. C'était en fait le projet politique de ce que l'on a longtemps appelé la « deuxième gauche », celle qui, notamment autour de Michel Rocard, mettait en avant la « société civile », par opposition à la première gauche, la gauche qui se voulait « historique », celle que François Mitterrand a souhaité représenter, la gauche porteuse d'une vision jacobine de l'État et dont tout le dispositif, précisément, était axé sur la conquête du pouvoir d'État. Le bilan est bien celui d'une victoire idéologique de cette deuxième gauche : l'État s'est retiré d'un certain nombre de secteurs. Le problème vient de ce que la société, tardant à s'organiser (si tant est qu'elle le veuille), envoie des messages difficiles à interpréter, sinon à comprendre. Non pas que cette société-là soit atone : elle est au contraire bruyante. Peut-être trop bruyante, d'ailleurs, pour être audible! En effet, même dans l'électorat du Front national, qui représente la partie de l'opinion la plus cohérente et réductible à des revendications simples – l'immigration, l'insécurité –, des exigences contradictoires sont formulées. Cet électorat-là demande à la fois plus d'État lorsqu'il s'agit de sa sécurité, et moins d'État lorsqu'il s'agit de son confort, de sa marge de manœuvre, soit en tant qu'agent économique, soit par exemple en tant que conducteur automobile. La demande est à la fois anarchiste, sécuritaire et corporatiste : chauffeurs de taxis et paysans qui votent Front national ne souhaitent certes pas l'instauration d'un marché total par voie de dérégulation!

Quant à l'électorat écologiste, il est rural autant qu'urbain; le premier aspirant à rompre avec la logique productiviste qui assure le bien-être du second. L'électorat socialiste, pour sa part, est autant conservateur, arc-bouté sur la préservation des acquis sociaux, que réformateur, traversé ici et là de l'espoir de changer la vie, de transformer la société! Pour ce qui est du vote de droite, il est en partie européen, en partie antieuropéen, en partie lui aussi fondamentalement conservateur, en partie résolument réformiste.

Dans ces conditions, personne ne peut plus prétendre donner une grille unique de lecture, sans risque d'erreurs. Le décalage entre les hommes politiques et la société, la rupture du lien entre la politique et la société surgissent lorsque celle-ci est émiettée au point que l'on ne peut plus lire les demandes des citoyens. Les émetteurs brouillent eux-mêmes le message en accumulant les demandes contradictoires. Par exemple, celle d'une agriculture assistée, donc coûtant cher en subventions et, dans le même mouvement, le refus de l'effort fiscal que cette demande rend nécessaire ; celle d'une retraite à 60 ans et le refus de la contribution sociale généralisée, baptisée par ceux qui y avaient le plus intérêt la « Roc'tax » (par analogie avec la *poll tax*, cet impôt local particulièrement inique qui a coûté en fait son poste à Mme Thatcher) ; celle d'une protection accrue, vigilante, réglementée de l'environnement, et le souhait d'échapper au carcan de règlements (d'urbanisme notamment) que l'on trouve trop nombreux, trop tâtillons, trop pesants. Quand, à cette confusion, vient s'ajouter l'absence de ces « relecteurs » indispensables que sont les syndicats, il est temps de donner l'alarme.

Comme l'écrit Raymond Soubie, sans doute le plus fin connaisseur des relations sociales du pays, « la quête de la cité idéale, le goût des idéologies, la recherche de ce qui unit et qui est collectif ont été longtemps les facteurs principaux de la dynamique syndicale ». « Mais, ajoute-t-il, aujourd'hui est devenu plus important que demain, le réel l'emporte sur l'imaginaire, le bonheur immédiat sur l'utopie, l'individualisme sur l'organisation de masse. » Cette désertion syndicale s'inscrit d'ailleurs dans les chiffres : pour la syndicalisation, la France occupe l'un des tous derniers rangs des pays de l'OCDE, derrière la Turquie ! Le nombre d'adhérents (qui plafonne péniblement, toutes tendances confondues, au niveau ridiculement bas de 2 millions) est le signe d'une véritable et constante hémorragie. Il est vrai que le système lui-même peut s'autodétruire, comme l'a montré « l'exemple », si l'on peut dire, de la jadis toute-puissante Fédération de l'éducation nationale, qui n'a pas résisté, au fond, à l'affrontement en son sein de deux corporatismes, celui des instituteurs, et celui des professeurs de lycée. D'ailleurs, pour se convaincre de ce déclin, il suffit de constater que les dirigeants syndicaux, choyés il y a quelques années à peine par les médias, en sont aujourd'hui écartés; leurs propos, leurs actions, leurs « petites phrases », leurs analyses ont cessé d'intéresser : elles ne sont plus relayées. Comme c'est souvent le cas en France, nous sommes collectivement favorables au syndicalisme tel qu'il devrait être et défavorables au syndicalisme tel qu'il est. Les syndicats, de même que d'autres institutions, sont désormais perçus comme faisant partie du système. Ce qui signe l'appartenance au système, c'est l'usage de la langue de bois. Cette rupture entre dirigeants et dirigés, entre le pays et ses relais naturels est ressentie d'autant plus durement que la société moderne place au centre du pouvoir trois catégories nouvelles : les hommes de média, les juges et les eurocrates, catégories sur lesquelles le citoyen n'a aucune prise.

Mais une autre difficulté, plus forte, plus rude encore, reste à surmonter : nous n'avons plus aujourd'hui d'idéologie globalisante qui permette de dire à un paysan, à un ouvrier, à un cadre, à un retraité, « vous avez les mêmes intérêts » ! Les seules théories en ce domaine sont, à gauche (hormis évidemment les divers communistes et gauchistes habitués d'une sociologie marxiste de plus en plus scolastique), celle de Jean Poperen, qui a tenté de mettre sur pied ce qu'il appelait naguère un « front de classe »; à droite, celles de Valéry Giscard d'Estaing, qui a longuement disserté sur l'existence dans la société française d'un « noyau central » regroupant l'essentiel de la population active, homogène à la fois par ses aspirations, ses modes de vie, ses comportements, et son niveau de vie. Quand plus personne ou presque ne raisonne en termes d'appartenance à une classe sociale, il est impossible de constituer quelque « front » que ce soit, en dehors de la simple coagulation momentanée d'intérêts communs sous la forme de « coordinations », mouvements efficaces pour un objectif donné, mais à durée de vie très courte. Quand il n'y a plus d'idéologie, les mythes, comme chacun sait, prennent le relais.

Quant à la société où la classe moyenne serait relativement homogène et dominante, elle cède progressivement le pas à une société où la classe moyenne est plus hétérogène, où elle décline en nombre et en importance, quand elle ne cesse pas d'être « moyenne » par ses ressources pour se retrouver aux franges de la pauvreté. Si bien que les valeurs dominantes de ce « noyau central », décrites par Valéry Giscard d'Estaing, à savoir le matérialisme, la consommation et l'hédonisme, cèdent le pas à des notions d'appartenance, voire à des clivages ethniques. Certains sociologues n'hésitent pas à décrire la société d'aujourd'hui comme partagée en clans antagonistes (version maximale), ou simplement plus hétérogène (version minimale). Ainsi, les appartenances ethnique, religieuse, familiale, régionale et nationale cherchent-elles, en quelque sorte, leurs nouvelles marques.

Une partie de la population est donc tentée de se crisper derrière ses identités perdues, ses territoires : c'est alors que se développent les intolérances, les exclusions, les racismes et les intégrismes, qui s'affrontent et se nourrissent de leurs propres antagonismes. Une autre partie de la population, en revanche, plus universaliste, plus cosmopolite, plus attachée au progrès et plus sensible à la compétition internationale, dépasse ces différences, intègre les contradictions et tente de préfigurer un avenir plus harmonieux.

Cette hétérogénéité nouvelle existe également entre les générations : les jeunes, dans leur majorité, restent tournés vers les plaisirs immédiats, la consommation et l'opulence, qu'ils considèrent comme un droit, et dont ils se sentent souvent spoliés. Le poids de ces jeunes dans la population française va en décroissant. Ils ne sont d'ailleurs plus emblématiques de la modernité : la société leur renvoie des images négatives (celle de casseurs, de loubards, de taggeurs, de gens marqués par le bac G, l'échec scolaire, le chômage, la drogue). Il est révélateur que la publicité ne nous montre plus des adolescents fringants, mais des bébés ou de tout jeunes enfants qui dialoguent avec des personnes âgées, des grands-parents. Un autre facteur d'hétérogénéité constitue un lourd handicap : il s'agit du hiatus qui s'est creusé entre le code moral des élites et celui du plus grand nombre. Grosso modo, les élites participent d'un modèle qui emprunte à la fois à la Suède par sa tolérance pluraliste, et à l'Amérique par le culte de la réussite individuelle; le commun des mortels, lui, en reste à des valeurs plus traditionnelles. Ce décalage contribue pour beaucoup à la distance qui sépare chaque jour davantage le pays de ses propres élites.

Ce citoyen aux aspirations contradictoires, vivant dans une société chaque jour plus complexe dans un cadre démocratique chaque jour plus abstrait, ne peut plus, comme son prédécesseur, se tourner vers les prêtres, les instituteurs, la famille ou les syndicalistes pour résoudre ses problèmes. Ces problèmes se sont eux-mêmes diversifiés, ils sont devenus plus complexes et c'est pourtant à l'individu seul de les résoudre. Le citoyen doit donc faire l'impasse sur les chaînons manquants et qui lui permettaient hier de se placer presque instantanément dans une logique et une morale collectives.

Oui, mais il y a l'État de droit, répondent ceux qui assurent que la société, comme le marché, a simplement besoin d'une main régulatrice pour éviter que les conflits ne se règlent par la violence. L'État de droit a certes acquis ses lettres patentes de cité en France. Cette notion occupe même la place laissée vacante par l'idéologie. Elle est devenue l'idéologie dominante. Mais l'État de droit comporte un corollaire : la responsabilité, et donc la sanction. Or que voyons-nous ? Partout, dans tous les rouages de la vie publique, la machine politico-administrative produit aujourd'hui l'irresponsabilité. Celle des politiques d'abord, mais aussi celle des médias. La morale républicaine avait ceci de bon qu'elle conduisait les citoyens à se sentir, au moins en partie, responsables. Ce sentiment que nous vivons dans un régime sans sanctions, sans véritable règle ni responsabilité contribue aussi à relâcher le lien entre la politique et la cité dont on a vu qu'il n'avait nul besoin de cette tension supplémentaire. Culte du secret, opacité de la décision publique, souci de ne pas alarmer, peur de décider, telles sont les caractéristiques contemporaines de l'exercice du pouvoir, dans une démocratie décidément inachevée.

Deux affaires aussi brutales que douloureuses, encore que d'une ampleur inégale, sont hélas venues aiguiser cette perception : la tragédie du sang contaminé, et la catastrophe de Bastia. Elles ne sont pas comparables, a priori : dans un cas c'est un certain impérialisme médical qui est en cause, mais aussi les tâtonnements de la médecine; et les risques que ceux-ci comportent face à un fléau que tout le monde a d'abord sous-estimé; puis, il s'est agi de l'écoulement criminel d'un stock de sang contaminé dans les veines de plus d'un millier d'hémophiles; dans l'autre cas, c'est une tribune bâtie à la hâte dans la perspective d'un gain inespéré qui s'effronde, à l'occasion d'une demi-finale de la Coupe de France de football.

Sans porter de jugement sur les acteurs de l'une et de l'autre affaire, ces deux drames apparaissent comme des révélateurs de la coupure entre la société et ses élites, qu'il s'agisse d'élus ou de médecins, de ministres ou d'experts, de scientifiques ou de hauts fonctionnaires. Non seulement ils ne résolvent pas nos problèmes, non seulement ils font des conneries, non seulement ils nous méprisent, mais en plus, maintenant, ils nous tuent! Tel est, en substance, le sens commun. A sa manière, qui n'est pas exempte de parti pris, Jean d'Ormesson l'a parfaitement résumé : « On s'étonne parfois du discrédit où est tombé le monde politique. Ce discrédit vient en grande partie de la fuite devant les responsabilités. Les ministres sont là pour se pavaner devant la reine, pour se faire escorter par les motards, pour détourner à leur bénéfice les bons résultats du travail des Français et pour se féliciter à la télévision de leur génie sans égal et de celui du roi. Ils ne sont pas là pour assumer la responsabilité de leurs erreurs. Jadis, un ministre couvrait ses subordonnés, démissionnait en cas de pépin, incarnait le pouvoir avec ses bons et ses mauvais côtés. Aujourd'hui – voir l'affaire Habbache, l'affaire du *Rainbow Warrior* et tant d'autres –, on charge les exécutants et les hauts fonctionnaires et, plus on est élevé, plus on s'exonère de toute faute. L'essentiel est de mettre le pouvoir à l'abri. La démission n'est plus guère à l'ordre du jour dans la France d'aujourd'hui. En fait de pépin, il n'y a plus que le parapluie. Le drame de Furiani a secoué la France entière. Il a fait beaucoup de morts et encore plus de blessés. Le drame du sang contaminé a fait vingt fois plus de morts et en fera hélas encore beaucoup plus. Dans l'affaire du sang sont impliqués pourtant moins de responsables, et moins haut, que dans l'affaire de Furiani. Personne n'est jamais obligé de devenir ministre. Mais une fois qu'on est ministre et qu'on bénéficie des privilèges du pouvoir, on doit aussi en assumer les fardeaux. Ce qu'on voit aujourd'hui à l'œuvre, c'est une sorte de loi non écrite d'amnistie : si vous appartenez au pouvoir politique à son plus haut niveau, vous échappez à la loi commune. Avoir du pouvoir aujourd'hui en France, ce n'est plus être responsable : c'est échapper, au contraire, par une honteuse inversion, aux responsabilités. »

Jean d'Ormesson, qui, en bon lecteur de François Mitterrand, est un opposant systématique, limite son propos aux seuls socialistes. Mais les affaires qu'il évoque produisent, en réalité, un ravage global, qui ne se limite pas à un tel ou un tel; le scandale du sang contaminé a joué un rôle extraordinaire dans la dévalorisation des élites. Il a abattu une forme d'impérialisme médical. Or qu'y avait-il de plus respecté que les élites médicales? L'acte de santé consiste à mettre son sort entre les mains d'une femme ou d'un homme, armé du serment d'Hippocrate et qui n'est là qu'à l'issue d'un long parcours d'études difficiles. On passe alors d'une situation moralement rassurante et techniquement confiante à une autre où il y a tout lieu d'être sur ses gardes, tant sur le plan de la morale que sur celui de la technique. Si l'on suit le jugement de Jean d'Ormesson qui ne manque pas de pertinence, les personnes incriminées devraient être déclarées non pas « responsables mais pas coupables », selon la malheureuse formule de Georgina Dufoix, mais bien coupables et irresponsables.

On touche là au cœur des difficultés de la démocratie française. « Nos responsables » ne sont-ils plus capables de traduire leurs convictions morales sur le plan politique ? Ou bien celles-ci les ont-elles abandonnés ? Alors que certains se flattent un peu vite d'appartenir à une génération « morale », tout se passe au contraire comme si la démocratie moderne instituait un divorce entre politique et morale. A moins que tous ces maux n'en fassent qu'un : la montée de l'individualisme, son triomphe en politique, et son corollaire, le corporatisme, qui n'est jamais que la somme d'une multitude d'individualismes. Ainsi, en bout de chaîne, l'homme politique qui est censé interpréter les demandes de la société contribue à l'opacité de celle-ci, à ses incohérences. Là encore, constatons que la société de marché dans laquelle nous vivons n'est guidée par aucune « main invisible », aussi infaillible que la main de Dieu. Comptabilisons une fois de plus le prix de l'effondrement des idéologies : nous ne pouvons plus nous battre éthique contre éthique.

Au fond, notre structure sociale tenait par le face à face entre les chrétiens et les laïcs, entre deux visions du monde globalisantes et concurrentes, morale contre morale. On peut contester l'une ou l'autre, mais l'une et l'autre étaient des morales collectives. Privée d'idéologies globalisantes, la démocratie française redevient fragile. Elle se réduit à la somme algébrique des pressions catégorielles. L'agrégat de non-jugements et de protestations peut produire les résultats les plus surprenants – ou les plus inquiétants. Si bien que la peur devient un élément central de la vie de nos sociétés. En témoignent tous ceux qui, dans la vie politique, vivent de la peur et qui, devenus marchands de peur, coalisent les individus et les intérêts. Ainsi du succès du commandant Cousteau, dont le thème central est une vision apocalyptique de l'avenir. Non pas tant parce qu'il décrit une menace écologique par bien d'aspects tout à fait réelle, mais parce qu'il n'ouvre d'autre perspective à l'univers que la catastrophe démographique : « Pendant que nous sommes en train de discuter de la pureté de l'air et de l'eau, de la façon de disposer les ordures, nous courons vers le génocide le plus fantastique qu'on n'ait jamais connu ; de plus en plus de gens n'hésiteraient pas à utiliser la bombe atomique si un milliard d'individus se précipitait vers l'Occident », déclarait ainsi au *Nouvel Observateur* le célèbre « Captain Planet ». Sur ce point le commandant Cousteau est en excellente et académique compagnie. N'est-ce pas Claude Lévi-Strauss, le célèbre ethnologue, qui dans *Le Monde* a déclaré que l'effondrement du communisme revêt une importance « ridicule » à côté du problème numéro un : la démographie ? « Depuis que l'homme est sur cette terre, nous n'avons jamais atteint ce degré de folie », assure en effet Claude Lévi-Strauss.

La peur comme ciment, le pessimisme comme moteur ? « Nous souffrons non pas des rhumatismes de la vieillesse, mais des troubles de croissance dus à des changements d'une rapidité excessive, nous souffrons des difficultés que provoque la réadaptation à une phase économique nouvelle », écrivait Lord Keynes, anticipant et annonçant les phases de dépression nerveuse collective que ne manqueraient pas de connaître les sociétés qui entraient dans des cycles de prospérité. Si l'on applique à la vie politique la théorie des cycles en vigueur dans le domaine économique, on s'aperçoit aussitôt que nous sommes à la croisée de trois évolutions qui conduisent toutes à cet état de « déprime », à cette peur qui peut être à son tour la source de toutes les aventures.

La décennie 1980-1990, celle de François Mitterrand, à été marquée par la domination de la sphère du privé, par le règne de l'individualisme et le culte de la performance personnelle. La montée de ces aspirations-là a engendré, sans tarder, une frustration d'idéal collectif, de générosité : nous sommes précisément dans cette phase. Celle-ci est plus particulièrement sensible dans les classes moyennes, c'est-à-dire au cœur même du corps social car cette réussite facile est leur point de mire, et elles sont chaque jour confrontées à une réalité dans laquelle leurs propres espoirs se trouvent bloqués. Cela ne signifie pas que nous aurons tôt fait de retrouver les valeurs collectives, celles de l'effort, de la solidarité, de l'égalité ; mais avant que ne réaparaisse une période différente, il nous faut traverser ce passage difficile.

La seconde « tendance lourde », comme on dit en jargon, est celle du fait démocratique. Il a considérablement progressé en France, produisant une laïcisation accélérée de la société, et une désacralisation tout aussi rapide du pouvoir. Celles-ci produisent à leur tour une déception, qui vient nourrir le retour de l'irrationnel (comme en témoignent la multiplication des sectes dans la sphère privée, ou la prime accordée à des aventuriers, du type de Bernard Tapie ou de Jean-Louis Borloo, dans la sphère politique). Nous sommes, là aussi, au creux d'une évolution où domine la déception.

Un troisième courant a poussé à l'élargissement du champ des consensus. La France est devenue plus pacifiée qu'elle ne l'était : le temps est loin où un président de la République – M. Giscard d'Estaing – inscrivait à son programme, qui paraissait alors révolutionnaire, la « décrispation » de la vie politique ; les grands clivages radicaux ont été progressivement neutralisés. A son tour, cette situation favorise la nostalgie, celle du tragique, celle des grandes épopées, celle de l'héroïsme de quelques-uns, inséparables de la misère du plus grand nombre.

Trois carrefours, qui nous placent à chaque fois au creux de la vague. Nous assistons donc à la montée d'une demande d'autorité inspirée par l'attente, le regret, la nostalgie d'un grand chef, l'aspiration à doter la France d'une autorité forte, alors que la vie publique n'est qu'une succession de batailles de petits chefs. Les figures politiques dominantes de toutes ces années, Valéry Giscard d'Estaing et François Mitterrand, ne sont pas les mieux armées pour répondre à cette aspiration, car tous deux entrent dans la catégorie des séducteurs et non des hommes à poigne. Ils ne pratiquent ni l'un ni l'autre le culte de la force, et ils ne sauraient s'identifier aux appels à la virilité nationale qui se font jour. Convenons, en tout cas, que la sphère politique a cessé de produire des valeurs positives. Cela lui est d'autant plus difficile qu'elle est elle-même en crise : dans une société en miettes, quoi de plus normal qu'un paysage politique éclaté ?

Chapitre 3

LE ROYAUME DES HUMEURS

La violence avec laquelle les nationalismes ont resurgi au cœur même du Vieux Continent, la dislocation de la Tchécoslovaquie après celle de la Yougoslavie et de l'ex-URSS ont entériné la disparition des entités fédérales à l'Est. Chacun de ces événements scande désormais les interventions de nos politiques, du premier d'entre eux jusqu'au représentant du plus petit canton. Ces bouleversements comportent au moins un message que chaque élu devrait méditer sans tarder : ils nous rappellent la rapidité avec laquelle une structure devenue obsolète peut être balayée par le vent de l'histoire.

Or les partis, au premier rang des structures de la démocratie française, sont menacés d'obsolescence. Malades, ils ne se nourrissent plus que d'une politique en miettes. Incapables de répondre à une aspiration au renouvellement qui était apparue dès avant que nous ne « sortions de l'ordre de Yalta », les partis français subissent une crise multiforme qui conduit à douter de leur capacité à répondre aux aspirations de leur électorat.

La fin du communisme, en effet, n'a pas seulement sonné le glas de l'empire soviétique. Elle a aussi largement remis en cause le système politique de l'Europe occidentale. Seule cette Europe-là, stabilisée par le double effet des politiques économiques d'inspiration keynésienne et de la réussite de la dissuasion nucléaire, a connu quarante ans de luttes politiques pacifiques, bien organisées, rigoureusement polarisées entre « progressistes » et conservateurs. Ce clivage a parfaitement structuré l'espace public, et avec lui les comportements politiques, les valeurs culturelles, le rapport au travail. Ces quarante années, que nous sommes en train de quitter, ont joué, dans la configuration politique et sociale de l'Europe occidentale un rôle comparable à celui des années de la Révolution française, époque à laquelle émergea ce qui s'appellera dès lors « la gauche », à l'échelle du continent. C'est dans le combat permanent idéologique entre les communistes d'un côté, les démocrates-chrétiens et les sociaux-démocrates de l'autre, que l'Europe de l'Ouest a trouvé les chemins de son unité politique et économique à partir des années 50. Et c'est bien parce que « l'Est » n'existe plus que « l'Ouest » retrouve, hélas, ses vieux démons : effrayés par ce bloc qui était, comme disait de Gaulle, « à deux étapes du Tour de France de Strasbourg », les Européens ont, grosso modo, manifesté une volonté constante de rester unis, face à une menace permanente et puissante. La disparition de celle-ci a délié l'Europe de cette obligation d'unité, rendue, moins urgente, voire moins nécessaire aux yeux d'une partie de l'opinion. Elle a aussi permis le retour de l'irrédentisme, facilité la réapparition du tribalisme.

Avec le déclin puis la dissolution de l'empire soviétique à l'est, donc, mais aussi avec la fin de la croissance forte à l'ouest, qui s'accompagne du démantèlement des politiques keynésiennes (lesquelles avaient préservé l'unité du bloc réformiste et anti-communiste de l'Ouest) prend fin cette structuration de l'univers politique de l'Europe occidentale. Cette évolution, pour être moins spectaculaire et surtout moins dramatique que la destruction de l'Europe de l'Est, n'en est pas moins importante.

Elle est d'autant moins frappante qu'à la fin des années 70, les partis socialiste et sociaux-démocrates avaient bénéficié du reflux communiste : au Portugal et en Espagne d'abord, en France ensuite, lorsque François Mitterrand sortit vainqueur de son affrontement avec le PCF en 1981, en Italie également lorsque le socialiste Bettino Craxi parvint à dominer le système politique italien en neutralisant le PCI en crise dès la fin des années Berlinguer. Mais cette victoire elle-même, si elle devait réussir à capter l'énergie transformatrice venue des années 70, n'est pas parvenue à créer une nouvelle culture de gauche, pas plus qu'un nouvel appareil militant adapté aux temps qui s'annonçaient. Le courant a commencé de s'inverser lorsque, sous l'effet des poussées pacifiste et syndicaliste, les deux forces les plus puissantes de la social-démocratie européenne, le SPD allemand et le Labor Party britannique, se sont fourvoyées au point de s'interdire durablement tout retour au pouvoir et de se transformer, au plus mauvais moment, en relais plus ou moins efficaces de l'influence soviétique en Europe. Cet effondrement politique et moral du socialisme de l'Europe du Nord a laissé bien seuls les socialismes de l'Europe du Sud, de surcroît aux prises avec une nouvelle situation marquée par une faible croissance, la fin des industries traditionnelles de main d'œuvre, l'élargissement des inégalités régionales et urbaines, l'engorgement de l'État-providence, etc. Seules les divisions de la droite en France, le peu de tradition démocratique des conservateurs espagnols, l'usure des démocrates-chrétiens italiens, après quarante ans de pouvoir, ont permis aux socialistes de ces trois pays de se maintenir tant bien que mal jusqu'à l'orée des années 90. Mais tous ont commencé d'être écartelés entre la réalité de leur gestion et leur discours qui reste marqué par l'ancienne idéologie. Si bien que, dans le même temps que l'Union soviétique se délitait, la social-démocratie perdait de son ancien crédit – autrefois si fort qu'un Pompidou se réclamait du socialisme suédois et Edward Heath de l'économie mixte – et ne trouvait plus, aux yeux de l'opinion, son utilité.

La remise en cause du schéma global sur lequel l'Europe s'était reconstruite pendant près d'un demi-siècle ne pouvait pas manquer d'atteindre la France. Depuis le septennat de Valéry Giscard d'Estaing, celle-ci faisait l'objet d'une seule et même analyse : elle était censée rattraper un retard historique par rapport aux grandes démocraties occidentales. Courant derrière le dernier train de l'après-guerre, elle mettait progressivement fin à son « exceptionnalité ». Toutes les évolutions politiques françaises (élargissement du champ des consensus, émergence d'un noyau central dans la société) ont été comprises et décrites comme une adaptation de la démocratie hexagonale aux normes de l'Occident développé. Celles-ci tendent à réduire les extrêmes et organisent la vie publique dans une vaste zone centrale représentée alternativement, et en alternance, par une grande force conservatrice classique, sur le modèle de la CDU allemande ou des conservateurs britanniques d'une part, et une grande force social-démocrate sur le modèle des réformistes de l'Europe du Nord d'autre part. Cette lente et patiente mise en place avait d'ailleurs paru être la dominante des années Mitterrand : combien de petits déjeuners présidentiels avec des journalistes, ou de conciliabules avec les éléphants socialistes ont-ils été consacrés à l'écoute attentive et déférente du verbe souverain traçant comme perspective normale et naturelle pour les socialistes français le seuil des 35 % à 40 % de l'électorat, qui feraient d'eux une sorte de parti permanent de gouvernement, voué soit à gouverner effectivement, soit à gérer une brève situation d'attente dans l'opposition, compte tenu de son poids « incontournable » dans la société française. Dans ce schéma, la droite paraissait marquer un certain retard, ralentie qu'elle était (et est toujours) par la persistance d'un courant bonapartiste, tenace face à la force libérale conservatrice appelée à représenter l'ensemble de la droite de gouvernement. C'est pourquoi l'on a vu, et l'on voit encore, fleurir de nombreuses tentatives de regroupement du RPR et de l'UDF en une vaste confédération. Édouard Balladur par exemple, qui n'a rien d'un bonapartiste ni d'un archéo-gaulliste, se pose en champion d'une telle évolution.

Pourtant, cette vision globale n'est plus opérationnelle. La perspective d'un Parti socialiste à 40 % paraît remise aux calendes grecques, tant ses membres sont tétanisés, paralysés, isolés par le lent départ du mitterrandisme. Le RPR, lui-même divisé, n'est plus qu'une signature au bas de deux discours inconciliables, et connaît de fortes turbulences dues à l'émergence d'une forte opposition, en son sein, à la personne et à la stratégie de Jacques Chirac. L'UDF fait toujours figure d'aimable rassemblement de notables, tiraillés entre partisans de la rénovation, derrière François Léotard, et partisans de la tradition, fidèles à Valéry Giscard d'Estaing, et dont une partie de l'électorat s'échappe vers les « valeurs » chères à M. de Villiers.

Au-delà de ces éléments conjoncturels, l'ensemble du système est destructuré, tandis que le continent politique français dérive vers la droite. En effet, la décennie Mitterrand a vu se produire trois glissements successifs, trois affaiblissements : celui des communistes au profit des socialistes, au moment de l'élection de François Mitterrand, et dans la foulée de celle-ci, c'est-à-dire un déplacement de l'extrême gauche vers la gauche modérée; celui de cette gauche modérée au profit de la droite modérée, à la faveur de l'émergence des thèmes sécuritaires; et enfin celui des libéraux vers la droite extrême, par la pénétration des idées de Jean-Marie Le Pen en matière d'immigration.

Ce glissement progressif et, à certains égards, régressif et répressif, n'est pas séparable de la fin des cultures politiques qui ont façonné le paysage national. 1989 et la chute du mur de Berlin ont signifié, irrévocablement, la fin du communisme, quelles que soient les velléités de ceux qui s'efforcent de refonder ou de reconstruire un parti communiste. 1992 signifie, avec l'ancrage européen du pays, la fin non moins irrévocable du gaullisme; quelles que puissent être les manœuvres de ceux qui, comme Philippe Séguin, s'en servent comme d'un moyen de prise du pouvoir. Car un pouvoir séguiniste, s'il voyait le jour – ce qu'à Dieu ne plaise –, qu'il choisisse l'union des droites ou « l'ouverture républicaine » de Jean-Pierre Chevènement, ne serait sûrement pas une réédition du gaullisme.

Communisme, gaullisme : ces deux systèmes de croyance, issus l'un comme l'autre du jacobinisme dans le temps long, et de la Résistance dans le temps court, ont d'abord structuré la droite et la gauche autour d'eux, puis ont continué de fonctionner comme si rien ne s'était passé, comme s'ils avaient toujours prise sur le centre-gauche et le centre-droit rassemblés dans les années 70 respectivement par François Mitterrand et Valéry Giscard d'Estaing.

Autre symptôme de l'obsolescence des catégories anciennes, la fin de l'idée marxiste bien commode selon laquelle les partis seraient la nomenclature des classes sociales et représenteraient peu ou prou leurs intérêts. Comment une telle ligne de partage interprétative peut-elle permettre de comprendre la vie politique ? Aucun groupe social ne se risque plus à faire passer sa stratégie par un parti. Même des catégories parfaitement structurées, comme les instituteurs, traditionnellement enrégimentés à gauche, et l'ordre des médecins, de tout temps rangé à droite, sont traversées par des courants divers qui leur ôtent de plus en plus leur ancienne cohérence. Tant du point de vue de l'idéologie que du vote, ce sont des milieux qui ont perdu leur homogénéité.

Aussi les partis, sous le double effet de la perte d'identité de la gauche et de la destructuration de la droite, courent-ils le risque de ne plus être, au mieux, que des agrégats hétérogènes de catégories, ou d'individus. La vieille SFIO, par exemple, celle de Guy Mollet et de Gaston Deferre, qui incarnait l'alliance des ouvriers et employés réformistes du Nord et des classes moyennes à dominante fonctionnaire du Midi, avait une forte cohérence idéologique et culturelle (le tutoiement démocratique, l'affiliation maçonnique), dont est privé le PS de Laurent Fabius. Car, à gauche, la vieille culture ouvrière et plébéienne est morte. Sait-on, par exemple, qu'il y a une majorité de non-ouvriers dans les syndicats ? Quant à l'idéologie, elle a laissé place à une défense de l'ordre existant qui a relégué aux oubliettes de l'histoire l'utopie d'une société sans classes.

Son identité, la gauche l'a perdue à la fois à cause de sa réussite et de son échec. Sa réussite est patente : la condition ouvrière n'est plus une condition prolétarienne. Les ouvriers ne forment plus l'échelon le plus bas de la société. En Suède, ils constituent même la strate supérieure du salariat moyen, tandis qu'ailleurs ils ont depuis longtemps quitté le bas de l'échelle, pour gagner son milieu, et sont pris en charge par l'État-providence. En Italie, les cadres et les ouvriers étaient précurseurs : dès 1979, à la FIAT, ils ont manifesté contre un mot d'ordre de grève générale lancé par ce qui était encore à l'époque le célèbre PCI, le Parti communiste italien, et qui menaçait à leurs yeux l'avenir même de leur entreprise. Ce refus annonçait la dissolution de l'identité ouvrière classique. Dans un monde où le travail se raréfie, celui-ci se trouve spontanément valorisé; la réhabilitation de l'entreprise et du profit qui en sont la conséquence nous éloignent de la culture ouvrière. Celle-ci n'est plus protestataire, pas davantage prolétarienne.

Mais la gauche a également perdu son identité par l'échec de son projet de transformation de la société selon ses canons traditionnels. D'une certaine façon, cet échec lui a littéralement cloué le bec et lui interdit de se tourner vers de nouvelles utopies. Si bien que ce qui, sociologiquement, avait été le noyau de la gauche, la classe ouvrière industrielle, est devenu aujourd'hui son secteur le plus flottant, dont il n'est pas exclu qu'une partie rejoigne, dans certaines grandes villes, certaines banlieues troublées, les rangs du Front national après un passage par l'abstention ou le vote RPR (qui a doublé en dix ans, par exemple, en Seine-Saint-Denis).

Il est vrai que lorsqu'un parti de gauche ressemble trop à une équipe d'énarques candidate au pouvoir, opposée à une autre équipe d'énarques sans lien organique avec les syndicats, sans dynamique sociale sous-jacente, sans autre préoccupation donc que le pouvoir, ses électeurs traditionnels peuvent être légitimement tentés de s'en détourner. Dès 1955, Raymond Aron avait prédit une telle évolution. Vingt ans plus tard, il constatait « qu'aucun système idéologique, comparable à ceux d'hier, ne surgit ». « La recherche d'une croissance mesurée, d'une industrie sans pollution, d'une économie de marché sans dépression, d'une réduction des inégalités ne prête pas à des formules impératives et simples », écrivait-il en 1977. Est-ce faute d'être capables de maîtriser la complexité de l'État moderne? Toujours est-il que les partis ne sont plus que des lieux de pouvoir et des machines à fabriquer des élus; et les partis de gauche ne se distinguent en rien des partis de droite. Formés d'élus ou d'anciens élus (qui aspirent peut-être à le redevenir), ils sont peuplés de candidats ou de futurs candidats aux postes de la nomenklatura. Comme l'observe Georges Sarre, vieux de la vieille du Parti socialiste, cette formation est devenue un club d'élus entourés d'aspirants à l'élection. A ce parti de notables, ou de quasi-notables, correspond d'ailleurs un électorat qui ressemble étrangement à celui d'une autre formation de notables, l'UDF. Le noyau dur, composé de ceux qui restent fidèles aux socialistes dans les plus basses eaux que la gauche ait connues depuis la Libération, est constitué d'un électorat sociologiquement comparable à celui de la famille libérale, mais qui s'en distingue plutôt sur des bases idéologiques (anti-racisme, culte de la démocratie, primauté de l'État de droit, proeuropéisme); ces bases en outre ne sont pas très éloignées de celles de l'UDF de la grande époque réformiste. Le noyau ouvrier, quant à lui, a disparu, se trouve relégué à la marge, ou dans des régions de plus grande fidélité traditionnelle.

La droite, quant à elle, s'est trouvée largement destructurée notamment sous les coups de boutoir de l'extrême droite. Est-ce faute d'avoir accompli sa mue reagano-thatchérienne? Celle-ci a bien été tentée, au moins dans l'expression et dans le programme, lorsque la droite a été reconduite aux affaires en 1986 après une première législature socialiste, et que s'est engagée la période de la cohabitation. Mais l'échec électoral qui a ponctué cette expérience, marqué par la réélection de François Mitterrand, a permis à la droite de tourner la page. C'est en fait mieux ainsi. Car la tentation ultra-libérale n'était qu'une parenthèse dans une longue histoire qui a rarement mis à mal, depuis 1945, le consensus social. Il en fut ainsi du gaullisme, dont la composante sociale a toujours existé sous la forme de la « participation »; et, bien que cela soit moins connu, du giscardisme : les années Giscard, marquées par les deux chocs pétroliers et par la première explosion du chômage, ont été caractérisées aussi par la mise en place d'un haut niveau d'indemnisation des chômeurs dès 1974, et par la préservation des acquis sociaux. Le dialogue social a connu son apogée avec la gestion de Raymond Barre dont le conseiller social, Raymond Soubie, fait encore autorité en la matière tant est vivace le souvenir qu'il a laissé aux partenaires sociaux. Malgré les efforts d'un Alain Madelin, qui escomptait sans doute, armé de la « pensée Reagan », détenir la recette miracle, la droite a heureusement reculé, et ne s'est pas convertie à la religion des années 80. Cette défaite des maoïstes de la droite – ils brandissaient les mesures de Ronald Reagan ou de Margaret Thatcher comme on agitait autrefois le petit livre rouge – a incontestablement privé celle-ci d'un programme. Aux États-Unis, les choses sont plus simples : être républicain, c'est être contre les politiques sociales et pour la pleine extension des mécanismes du marché. Cette schématisation peut paraître abusive, mais elle recouvre une part importante de réalité. En tout cas, cette autodéfinition a été majoritairement refusée par les responsables de la droite française.

Nous sommes donc en présence d'une gauche dotée d'un programme minimal (que le parti socialiste égrène d'ailleurs dans l'indifférence générale, au fil de ses congrès, et qui consiste pour l'essentiel à proclamer son attachement aux acquis sociaux, et pour le reste, à adapter la règle du jeu économique aux normes européennes), mais qui a perdu son identité sociale, et d'une droite qui conserve une identité assez forte, mais n'a plus véritablement de programme (hormis le mot d'ordre du « toujours plus » de privatisations). Cette droite est, *de facto*, coupée en quatre.

Une droite « yuppie » qui, façonnée par la décennie de l'argent facile, place avant toute chose la réussite individuelle. Elle est relativement antiraciste, elle l'est sans commune mesure en tout cas avec ses aînés, pour une société ouverte, compétitive, mélangée – le mélange des races et des cultures étant d'ailleurs intégré dans une logique de progrès et considéré comme un facteur de dynamisme – et, sur le plan économique et social, favorable à une réduction massive des impôts de façon à laisser les meilleurs aller de l'avant.

Subsiste, ensuite, une droite sociale, d'inspiration catholique, à laquelle il faudrait ajouter la référence aux valeurs traditionnelles, et qu'incarnait parfaitement Raymond Barre. Cette famille-là, qui est en Allemagne celle du chancelier Helmut Kohl, n'est par parvenue en France à prendre le contrôle de la droite dans son ensemble, comme en témoigne l'éclatement du courant de Raymond Barre, désormais dispersé sur une vaste superficie, puisque l'on y trouve à une extrémité, la plus proche des socialistes, Jean-Pierre Soisson, et à l'autre, la plus proche de l'extrême droite, Philippe de Villiers.

La droite sécuritaire, largement incarnée encore par le RPR, qui touche la partie la plus populaire de l'électorat conservateur et revendique l'héritage ouvriériste du bonapartisme et du gaullisme, est aujourd'hui dominante.

Une droite réactionnaire enfin, une extrême droite donc, essentiellement regroupée autour de Jean-Marie Le Pen, qui est parvenue à polluer durablement la droite parlementaire elle-même en capturant une partie de son électorat populaire et en obligeant cette dernière à prendre position par rapport à ses propres thèmes d'exclusion.

Car dans ce paysage politique national éclaté, l'extrême droite fait tristement figure de point d'ancrage, de référence solide. A-t-elle un avenir ? Sommes-nous vraiment menacés de la voir conquérir le pouvoir ?

La nouveauté, ce n'est pas l'extrême droite en tant que telle, qui est d'implantation lointaine, mais bien son installation dans la durée, l'écho qu'elle rencontre dans la fraction non salariée des classes moyennes et dans le monde ouvrier. La carte du Front national est d'ailleurs explicite : c'est la France des grandes concentrations urbaines, des ghettos d'immigrés, celle aussi des restructurations industrielles. Non que ceux qui votent le plus pour l'extrême droite soient ceux qui vivent directement avec les immigrés, ou dans les zones les plus fortes d'insécurité. Ce serait trop simple. Il s'agit plus sûrement de ceux qui habitent près des cités-ghettos : le halo de la peur aimante l'électorat d'extrême droite! Ainsi à Paris, Jean-Marie Le Pen réalise ses meilleurs scores aux deux extrémités sociales de l'habitat urbain, le 16e arrondissement (dont les habitants craignent peut-être un jour d'être « envahis » par des jeunes désargentés) et le 20e, proche des banlieues nord et est. Deux préoccupations, en tout cas, rassemblent l'une et l'autre et constituent une thématique véritablement obsessionnelle : l'immigration et l'insécurité.

De leur côté, les structures politiques partisanes, les familles de pensée habituelles sont malades ou affaiblies, les partis traditionnels ont cessé de représenter les classes populaires : ils ne constituent plus ni un mode de représentation, ni un moyen d'ascension sociale de celles-ci. Pourtant, les conflits n'ont pas disparu.

Les conflits sociaux, notamment, se sont déplacés des centres de la production vers les périphéries urbaines : le racisme, la criminalité, la ségrégation urbaine et sociale tendent à remplacer l'affrontement réglé de classes sociales sûres de leur identité et de leur culture. Voilà pourquoi certains évoquent une possible contagion à l'américaine, avec la levée en masse des « petits blancs » contre le système établi. Il est en tout cas troublant de constater que la France et l'Italie, qui avaient été les principaux centres de l'expérience communiste occidentale, ont aujourd'hui la structure politique la plus éclatée. En Italie, le parti néo-fasciste a certes été limité dans son développement, mais les ligues du Nord, lombarde, vénitienne et autres, qui font émerger un corporatisme urbain, celui des régions développées, ont pris le relais. En France, le Front national a utilisé le tremplin des rapatriés et des nostalgiques de Vichy pour finalement mettre sur pied un parti des classes moyennes en crise et réussir ce que Pascal Perrineau a appelé, dans *Le Monde*, « l'alliance entre la boutique et l'atelier ». Il ne faut pas se bercer d'illusions : un élu qui veut être plébiscité a plus de chances de l'être en mobilisant ses administrés contre les immigrés, auxquels on impute tous nos malheurs, et notamment l'insécurité, plutôt qu'en organisant une « fête des potes » ou une manifestation antiraciste. Ainsi, à Clichy-sous-Bois, où le maire avait quitté le Parti communiste, après avoir été sanctionné pour des attitudes ouvertement racistes et xénophobes, et où il fut promptement réinstallé par la population, à la première occasion électorale venue. De même à

Hautmont, dans le Nord, où un ancien socialiste, pour complaire à sa population, a organisé un référendum d'hostilité à l'égard de la population immigrée.

Il est bon de se souvenir que, dans le sud des États-Unis, le Parti démocrate était à l'origine un parti de petits paysans, qui n'en étaient pas moins attachés aux idéaux populaires proclamés par Jefferson. C'est sous l'effet d'un phénomène de « petits blancs » qu'il a dérivé, tout au long de la première moitié du XIXᵉ siècle, vers la défense de l'esclavage; les démocrates du Sud sont devenus depuis la guerre de Sécession plus réactionnaires que les républicains conservateurs les plus dogmatiques.

A son tour, l'extension du problème noir à l'ensemble des villes américaines du Nord et de l'Ouest par l'exode rural massif des années 1930-1960 vers les centres industriels, a commencé à déraciner le Parti démocrate. Car l'émigration noire vers le nord a connu son apogée tout à la fin de l'ère industrielle classique, dans les années 1960-1980, au moment même où déclinaient les industries de main d'œuvre. Symbole de cette évolution dramatique, une ville comme Detroit, vouée hier au plein-emploi par la toute-puissance de l'industrie automobile, et aujourd'hui à la pauvreté et au chômage chronique. A la fin de ce cycle industriel, la population noire fraîchement immigrée a été la plus touchée par le chômage, elle s'est trouvée prise au piège de ces villes, affaiblies dans leur fiscalité par les fermetures d'entreprise et l'émigration des cadres vers les banlieues. Ses enfants ont grossi un nouveau sous-prolétariat, l'*underclass*, faute de pouvoir participer à l'émergence d'une classe moyenne noire. C'est de là que date le divorce, aux États-Unis, entre une classe ouvrière blanche qualifiée et les nouveaux arrivants noirs. Si bien que l'électorat ouvrier populaire, qui constituait les gros bataillons traditionnels du Parti démocrate dans le Nord, s'est mis de plus en plus à voter républicain, en tout cas aux élections présidentielles : ce fut, à son apogée, la vague reaganienne de 1980. Ce ralliement s'est largement opéré sur une base sécuritaire hostile à la population noire. Et George Bush n'hésita pas à le ranimer à nouveau en 1988, contre le pauvre Dukakis.

Ce phénomène a abouti au renforcement des mécanismes d'exclusion, à la justification des politiques conservatrices les plus dures. Il ne faut jamais oublier que le ralliement des ouvriers blancs à Reagan a rendu possible, dans l'Amérique des années 80, une régression sociale sans précédent. Ce type de phénomène menace à l'évidence l'Europe occidentale, et principalement l'Italie du Nord et la France, sans doute bientôt l'Allemagne à son tour. C'est là que l'on mesure tout le danger que représentent la perte d'identité de la gauche comme la destructuration de la droite.

D'autant que, si l'on fait abstraction des considérations morales qui, nécessairement, doivent prévaloir lorsqu'il s'agit de l'extrême droite, il faut reconnaître que la tentation populiste n'est en fait que l'ultime tentative politique classique, pour une société émiettée, de se ressaisir. Plus son fonctionnement est complexe, plus elle est éclatée, plus la règle du jeu est difficile à appréhender, plus le discours se simplifie et se durcit. Le Front national tient donc, sous une forme paroxystique, le discours politique classique. A certains égards, il en exprime la quintessence : ne dicte-t-il pas à la société à la fois le sens de l'histoire et les contours de son devenir idéal ? De même, le Front national n'est jamais que le dernier avatar d'une conception traditionnelle de la politique : c'est un parti organique, doté de militants qui – c'est un paradoxe aujourd'hui – militent, armés d'une idéologie, celle de Vichy, guidés par un chef charismatique, incontestable et incontesté, Jean-Marie Le Pen. Autour du Front national rayonne une kyrielle d'associations, de réseaux qui vont des milieux professionnels à l'activité « caritative » dans les banlieues; bref, le Front national, à l'instar des partis contruits sur le modèle bolchevique, s'efforce de donner l'image d'une contre-société telle qu'Annie Kriegel, par exemple, la décrivait pour le Parti communiste et que ce dernier a cessé de représenter, pour se replier sur des corporatismes catégoriels et urbains.

La montée des votes en faveur du Front national n'est pas, Dieu merci, la seule conséquence concrète de l'éclatement du paysage politique. Celui-ci nourrit également la montée des écologistes. Ce phénomène est, il est vrai, commun à tous les pays européens. La grande césure qu'entraînait le communisme ayant disparu, nos collectivités découvrent en effet un phénomène historique nouveau : une immigration étrangère sans précédent qui alimente l'extrême droite. Elles prennent en même temps conscience d'un phénomène ancien : l'économie, l'industrie, les transports bouleversent la nature au point de mettre la planète en péril. Au XIXe siècle, les partis traditionnels, qu'ils soient de droite ou de gauche, se sont constitués autour d'autres intérêts, pour satisfaire d'autres revendications. N'ayant pu s'adapter à ces nouvelles demandes, face à l'immigration et à la détérioration de la nature, ils voient leurs électeurs leur échapper et les rappeler au principe de réalité, très exactement de la même façon que la question ouvrière fit sortir la bourgeoisie du XIXe siècle d'un ordre politique qu'elle croyait immuable.

Il peut paraître surprenant, voire choquant, car aucune connotation morale péjorative n'est susceptible d'être opposée aux Verts, de mêler l'une et l'autre force, l'extrême droite et les écologistes, autrement que sur un plan strictement événementiel, puisque l'une et l'autre ont émergé en France à peu près au même moment. Il n'empêche : elles ont un point commun. Ces deux forces ont donné naissance à des partis étrangement modernes, en ce sens qu'ils ne visent pas réellement le pouvoir. Non qu'ils n'aspirent pas à l'exercer. Ainsi Jean-Marie Le Pen pense qu'il peut rééditer l'exploit d'Adolf Hitler, et gagner grâce au suffrage universel, à la faveur d'une de ces crises consubstantielles à la démocratie et qui, plus grave qu'une autre, lui ouvrirait le chemin de l'Élysée. Mais la fonction principale du Front national est de faire pression sur la droite. Il est la formation qui légitime des opérations comme celles du maire de Clichy-sous-Bois ou du maire de Hautmont dans le Nord contre les immigrés; il est bien davantage un agitateur, certes en négatif, de la société française, puisqu'il en flatte les instincts, les pulsions, et les aspirations les plus basses.

Les écologistes, eux aussi, mettent en avant leur objectif d'exercer le pouvoir, bruyamment et impatiemment lorsqu'il s'agit de Génération Écologie et de Brice Lalonde, pourtant déjà royalement servi par la gauche, plus modérément, et de façon heureusement plus circonspecte, lorsqu'il s'agit des Verts « historiques » d'Antoine Waechter. Mais eux aussi sont incapables de surmonter cette tension entre le désir d'exercer le pouvoir et la peur de l'assumer. Ont-ils une autre fonction que celle de faire pression sur la gauche et d'en modifier l'équilibre interne? Les Verts restent en effet un parti de second degré, ils n'ont aucune discipline collective véritable et surtout pas de forte cohérence idéologique : le goût du délire verbal, l'absence de sens de la représentativité, l'inculture politique de beaucoup, formés davantage à la dénonciation des décharges, des barrages électriques, des lignes de TGV qu'à l'exercice de la démocratie et de ses responsabilités, la crispation des relations entre leurs dirigeants, digne des pires travers de n'importe quel bureau politique, continuent de les caractériser, de les rendre relativement impuissants. Leur programme, qui prétend répondre à l'ensemble des problèmes de la société, n'est jamais qu'une remise au goût du jour de l'utopisme socialiste des années 70, de l'irénisme de la gauche avant qu'elle ne soit confrontée au poids de la réalité et au choc de l'expérience gouvernementale. La plupart des sensibilités internes au Parti socialiste se retrouvent d'ailleurs dans la famille écologiste : Brice Lalonde pourrait bien figurer parmi les rocardo-deloristes, Alain Lipietz, l'économiste des Verts, l'auteur du programme global de ce mouvement, est un ancien compagnon de route du CERES de Jean-Pierre Chevènement, dont il continue d'épouser les lignes de force ; de même pour Dominique Voynet, l'une des principales porte-parole des Verts, qui demeure elle aussi proche des idées de Socialisme et République, puisque telle est la dénomination « new-look » du CERES. Le problème posé aux socialistes est donc celui d'un véritable corps à corps avec eux-mêmes, comme si, en luttant avec les écologistes, ils s'affrontaient en fait à leur propre identité troublée, oubliée. L'ensemble de la mouvance écologiste et les socialistes sont d'ailleurs dans un système de vases communicants : par le moyen du vote vert, les électeurs de gauche désavouent la gestion socialiste sans pour autant rejoindre la cohorte des abstentionnistes ou les rangs de la droite.

L'idée du retard de la France dans l'apparition d'un phénomène écologiste puissant a également été avancée. La question est donc de savoir si l'évolution de ce mouvement suivra, ou non, celle de l'Alle-

magne, qui fut une pionnière en la matière. Le
« retard » français a généralement été attribué au fait
que, en Allemagne, écologie rimait avec pacifisme,
comme avec nationalisme de gauche, à coloration
antiaméricaine, tandis qu'en France ce nationalisme
se traduisait par un consensus autour du nucléaire
militaire, principal attribut de la puissance du pays et
marque gaulliste de son indépendance.

Ce schéma ne doit pas faire oublier que les Verts
allemands n'ont commencé à exister, après 1974, que
lorsque Helmut Schmidt a remplacé Willy Brandt,
c'est-à-dire lorsque la technocratie social-démocrate
a pris la place du charisme et du lyrisme socialiste.
Le mouvement vert a temporairement constitué en
Allemagne l'efficace combinaison d'une poussée
écologiste, d'une tentation neutraliste et du recyclage
d'une partie de la gauche soixante-huitarde, dont
certains éléments avaient succombé à la tentation du
terrorisme. Aujourd'hui, le mouvement est retombé,
soit parce que les Verts allemands ont disparu de certaines régions, ou se sont intégrés au puissant SPD
(ainsi de la Sarre ou Schleswig-Holstein), soit parce
qu'ils continuent d'exister par eux-mêmes, comme
en Hesse où milite Daniel Cohn-Bendit, et sont alors
dominés par leur tendance « réaliste » comme une
sorte de courant « extérieur » du SPD, une boîte à
idées analogue à ce que fut le PSU pour la gauche
française, à ses meilleurs moments.

Le parallèle avec l'Allemagne est bien tentant.
Car, si la classe politique française est suffisamment
habile, notamment à gauche, Brice Lalonde et
Antoine Waechter peuvent s'inquiéter pour leur
fond de commerce, comme pour leur rêve présidentiel. Le jour où les partis traditionnels verdiront,
comme leurs collègues allemands l'ont fait peu à
peu, surtout à gauche, le jour où ils instaureront un
droit de l'environnement, comme la droite et la

gauche ont su le faire pour les conquêtes sociales, le jour où droite et gauche traiteront vraiment quelques problèmes à forte émotivité (comme celui des déchets nucléaires), alors l'illusion écologiste commencera de s'évanouir, alors ce qu'un certain nombre d'intellectuels ont dénoncé comme le fondamentalisme vert, c'est-à-dire « l'émergence d'une idéologie irrationnelle qui s'oppose aux progrès scientifiques et industriels », entamera son déclin. Comme l'écrit Alain Minc : « La France a eu assez de mal à s'émanciper du fantasme communiste de la rédemption politique pour inventer un archaïsme du même type avec l'écologie. » Il n'est donc pas absurde de faire le pari qu'inévitablement les Verts retomberont comme sont retombés les Verts allemands. S'ils réussissent, ils représenteront la rénovation de la gauche, ils en seront l'instrument et seront dès lors voués à être colonisés, à terme annexés à celle-ci. Ils ne seront plus exclusivement écologistes et se situeront dans un projet de restructuration de la mouvance de progrès. Si, en revanche, ils se réfugient dans l'intégrisme, et dans le fondamentalisme écologique, ils perdront, car ils se replieront sur un noyau qui n'ira pas au-delà de 10 % du corps électoral. Les écologistes représentent donc une forme de transition politique ; importante certes, mais... biodégradable !

Dans les années 60, le PSU a joué un rôle de socialisation et de formation fondamental pour la gauche. Le nombre de membres du gouvernement Bérégovoy issus de ce petit mouvement, qui a atteint à son apogée une représentation de quatre députés au parlement, atteste de son importance, qu'il s'agisse du Premier ministre lui-même, ou du candidat « naturel » des socialistes, Michel Rocard, en passant par Jack Lang, Lionel Jospin et bien d'autres... Tous avaient fini en effet par rejoindre le PS, contribuant puissamment à la rénovation de cette formation politique. Si donc les écologistes réussissent, ils iront au-delà d'une idéologie verte. S'ils échouent, une part de leurs actifs reviendra vers d'autres expressions propres à la gauche.

Quant au Front national, il a peu d'avenir en tant que parti de gouvernement. Il doit largement cette perspective, heureuse pour le pays, au fait que sous l'impulsion d'hommes qui se veulent ses rénovateurs – Michel Noir, François Léotard –, la droite a surmonté ses tentations, pourtant fortes, d'en faire un partenaire. Le cordon sanitaire qu'elle a su établir, à la demande des maires de Lyon et de Fréjus, voue celle-ci, à terme, à la relégation au rôle qui est vraiment le sien, celui d'agitateur. Comme mouvement d'opinion, en revanche, le Front national a un vaste horizon devant lui. N'a-t-il pas importé en France une mode qui fait encore des ravages aux États-Unis, en mettant l'accent sur la lutte contre l'avortement, la ségrégation à l'école, sous couvert de liberté de choix des parents, le rejet des lois sociales, etc.?

De ce point de vue, un homme comme Philippe de Villiers offre, par la croisade qu'il incarne, une issue « moderne » à ceux qui, au sein du Front national, sont appelés à quitter tôt ou tard le giron de leur chef charismatique. Beaucoup de ces petits chefs de l'extrême droite seront en effet tentés de rejoindre ceux des élus de la droite qui sont le plus proches des sentiments, des opinions et des comportements qu'ils expriment; du moins si cette droite maintient étanche la cloison qui la sépare du Front national et prive ce dernier de l'exercice du pouvoir. Si bien qu'après avoir utilisé Jean-Marie Le Pen comme une sorte de « booster » pour les mettre sur orbite, ils tâcheront de coller à la trajectoire d'un Philippe de Villiers, seul susceptible de les « décontaminer ». Le chantre de la vertu, qu'il réclame pour les autres, s'est en effet placé au point précis où le Front national commençait sa descente pour être à même d'en récupérer quelques forces, et de les convoyer vers le pouvoir institutionnel.

Même contenue (au sens du mot *containment*, doctrine américaine face au communisme), l'existence d'une puissante force organisée raciste, xénophobe, antisémite, est une tache, une triste « exceptionnalité » française ; à moins qu'il ne s'agisse d'une anticipation, d'une régression bientôt généralisée.

Le plongeon de l'Union soviétique dans un trou noir d'où la Russie nouvelle n'a pas encore émergé, et le repli de plus en plus rapide des États-Unis sur leurs problèmes intérieurs donnent à l'Europe, et à la France, une chance d'indépendance ; mais aussi l'angoisse de la solitude.

Nous n'avons plus de recettes keynésiennes pour sortir du chômage, plus de certitudes tiers-mondistes pour donner au pays un supplément d'âme, plus de perspectives de modernisation politique pour donner un objectif à ceux qui pensaient que nous avions un retard à rattraper. Nous n'avons plus de modèle américain à contempler et à tenter d'imiter : au contraire, la vie politique américaine ressemble davantage qu'on ne le croit, plus, en tout cas, qu'elle n'a jamais ressemblé par le passé, à la vie politique européenne.

L'affrontement sépare aujourd'hui d'un côté un Parti démocrate devenu au fil des ans un parti de gauche tout à fait classique, en se délestant de ses derniers conservateurs sudistes, et de l'autre un Parti républicain devenu une véritable formation de droite, depuis que les derniers républicains progressistes du Nord-Est en ont été chassés par Nixon et Reagan. D'un côté des démocrates, dont on dénonce régulièrement en France la désidéologisation, mais qui en fait mènent des combats comme le féminisme, la dénonciation des méfaits des coupes républicaines dans les programmes « sociaux », l'intégration sociale, la détente avec l'Est ou le tiers monde, le maintien des droits syndicaux, sur la base d'une philosophie désormais fort proche de celle des partis sociaux-démocrates européens; de l'autre des républicains, dont le programme est devenu celui d'une droite pure et dure, dont on a pu mesurer le coût social lors des émeutes de Los Angeles. Peu à peu les électorats se sont mis en conformité avec ce schéma : des catholiques du Nord et des sudistes, autrefois conservateurs et démocrates, ont rejoint les rangs républicains, tandis que l'électorat démocrate s'est replié sur une typologie plus traditionnelle des partis de gauche, salariés, jeunes, classes moyennes et minorités raciales.

De notre côté, nous vivons aussi d'emprunts à l' « enfer américain ». Avec, d'abord, une professionnalisation de la politique. C'est une situation que nous avons recherchée, car aujourd'hui la société n'accepte plus la solidarité de tous les instants qu'elle manifestait auparavant, avec tous les combats d'un parti qui était alors réputé détenteur de la vérité. Au fond, dans nos pays, toutes les formations politiques avaient copié le modèle bolchevique : un programme, des militants, une formation centralisée et disciplinée (même le mouvement gaulliste se targuait de posséder un comité central, comme le PC). Cette imitation-là est terminée, et Laurent Fabius n'est pas le seul à regarder du côté de l'organisation des démocrates américains.

L'enfer américain, c'est notamment la course à l'argent qui renforce les potentats locaux, donne une prime aux industriels, aux hommes d'affaires, qu'il s'agisse de Bernard Tapie, ou peut-être prochainement de Jacques Calvet, le patron de PSA, qui ne fait pas mystère de son ambition présidentielle, ou encore d'un homme comme Michel-Édouard

Leclerc, dont le discours, très politique, va bien au-delà de la défense d'une certaine forme de grande distribution. Ceux-là avancent, à l'abri de leur propre puissance économique, comme Ross Perot aux États-Unis. D'autres rompent des lances à partir de leurs donjons locaux. Ainsi chaque maire de grande ville tend à créer son propre parti municipal indépendant des formations nationales dont il est issu : Robert Vigouroux à Marseille, Michel Noir à Lyon, Dominique Baudis à Toulouse, sans parler des exemples caricaturaux que sont Jean-Louis Borloo à Valenciennes et Bernard Tapie en Provence-Alpes-Côte d'Azur, moins jugés sur leurs actes que sur les résultats de leur équipe de foot ! C'est : « allez Vigouroux » au Sud, et bientôt « allez l'OM », c'est « allez Valenciennes » au Nord, « allez Noir » à Lyon. A Byzance, déjà, il y avait ce que l'on appellerait aujourd'hui un pluralisme des partis. Mais il s'exerçait, à l'hippodrome, à travers la course des représentants des principales factions, qui se reconnaissaient à leurs couleurs. Régression « barbare », comme dirait Guy Sorman, qui nous menace aujourd'hui !

La décentralisation et les pouvoirs locaux d'un côté, les hommes d'affaires de l'autre, ce sont là des éléments de féodalisation de la vie publique qui nous rapprochent de l'Amérique. Enfin, il n'y a plus de militants, mais des adhérents dont les cartes d'appartenance à un parti sont parfois payées par l'échelon central. Ces adhérents vivent d'une manière ou d'une autre de la politique, c'est-à-dire de la situation que leur chef leur accorde, ce qui distingue radicalement cette situation de celle où prévalait le militantisme, qui signifie, au départ au moins, un engagement désintéressé. Cette évolution rend les rapports politiques intangibles, que ce soit à l'intérieur du PS où les uns et les autres doivent leur situation à leur chef de courant respectif, du RPR où le poids de la mairie de Paris et les prébendes qu'elle assure à un certain nombre de cadres et de militants permettent d'expliquer que Jacques Chirac ait pu résister à des offensives aussi virulentes que celles qui ont été menées contre lui par Charles Pasqua et Philippe Séguin, qu'il s'agisse également du Parti communiste, où l'une des explications du caractère apparemment irremplaçable et inexpugnable de Georges Marchais tient aux liens matériels qui unissent bien des adhérents à l'échelon central, de sorte que les dissidences réussies emportent comme à Saint-Denis, à Montreuil ou au Mans, l'ensemble des appareils municipaux. Toutes ces évolutions contribuent à conférer à la vie politique son fonctionnement hiérarchique, de plus en plus irréel, de plus en plus loin des faits, de plus en plus fortement contesté par l'opinion. Mais peut-être faut-il reconnaître les choses comme elles sont : la démocratie citoyenne a sans doute vécu ; il faut trouver les voies de son dépassement. Ceux qui veulent se dévouer se tournent vers des causes autres que politiques, principalement humanitaires, à travers tout le réseau des organisations non gouvernementales, grâce en partie à la figure emblématique de ce combat qu'est devenu Bernard Kouchner.

La manière française de trouver malgré tout une régulation qui permette de traduire le poids de l'opinion se situe dans le rôle extraordinaire qui est reconnu aux sondages. Lorsqu'il n'y a plus de forces sociales organisées, lorque les relais sont en panne, lorsque la médiatisation se substitue à la médiation naturelle des partis et des syndicats, les sondages règnent en maître, et rythment la vie publique au point que le pays vit un court-circuit permanent entre une opinon virtuelle, constamment sollicitée, mesurée, sondée, et le pouvoir. Ce système donne l'exacte mesure des faiblesses institutionnelles françaises. Faute de dialogue social suffisant, faute de corps intermédiaires influents et respectés, faute de séparation et surtout d'équilibre des pouvoirs institutionnels, tout concourt désormais à un affrontement irrationnel, passionnel et stérile entre l'exécutif et l'opinion. Il est vrai que nous sommes passés d'une République à l'autre, d'une démocratie parlementaire à une démocratie d'opinion. Mais personne, à ce jour, n'a encore théorisé la démocratie d'opinion : nous y sommes sans savoir de quoi il retourne, sans en connaître les mécanismes de régulation qui sont encore à découvrir et à codifier. S'installe progressivement une « démocratie émotionnelle », selon l'expression d'Alain Duhamel, système au sein duquel « la surdité du pouvoir répond au tribalisme de la société ». Dans un tel système, l'opinion intervient constamment, non plus à intervalles réguliers lorsque le mandat des gouvernants est remis en cause, ici par une élection présidentielle, là par des élections législatives, mais bien pendant toute la durée du mandat des gouvernants. D'une époque où les électeurs étaient consultés tous les quatre ou cinq ans, mais où, dans l'intervalle, les représentants avaient les mains libres, on est passé à un système où l'opinion est un acteur permanent qui pèse à tout instant sur le personnel politique. A une démocratie de délégation a donc succédé ce qui devrait être une « démocratie d'échanges », entre les citoyens et les élus, selon le concept mis en avant par Jérôme Jaffré, le vice-président de la SOFRES, mais n'est souvent qu'une démocratie du coup de colère, de la convulsion. Dans notre pays, les partis sont décriés, les syndicats relégués à un rôle secondaire, les parlementaires ont cessé d'être respectés. Et pourtant l'exécutif doit continuer de répondre, comme partout ailleurs, aux contestations, aux protestations. Le malheur est qu'en France il doit le faire sans signalisation sociale, sans le canal de négociations régulièrement vérifiées, sans interlocuteur qui soit véritablement représentatif.

L'impact de la télévision, qui est par définition la technologie de l'émotivité et de l'instantanéité, ne peut naturellement qu'accentuer les défauts de ce système. Celle-ci en effet simplifie par nécessité tout conflit, en souligne le ressort dramatique plus que la rationalité, cultive et amplifie la charge affective plutôt que le recul et la prise de distance. Elle exaspère donc les antagonismes. La percée d'un Jean-Marie Le Pen montre que la médiatisation peut faire le lit d'un démagogue populiste, pourvu qu'il soit un bon professionnel.

Cela doit nous conduire à coup sûr à l'idée que la réforme des institutions est à l'ordre du jour, qu'avec elle le dialogue social doit être réinventé pour éviter que la guerre des corporatismes ne succède à la lutte des classes.

Chapitre 4

L'AMBIGUÏTÉ FONDATRICE

Jean Jaurès a appris la République à la classe ouvrière. Léon Blum a enseigné la démocratie à la gauche. Pierre Mendès France a inculqué à l'une et à l'autre les règles élémentaires de l'économie et les a, un temps, réconciliées avec la politique. Et François Mitterrand ? Il leur a donné le pouvoir et montré qu'il ne suffit pas de le conquérir, mais qu'il faut aussi être capable de l'exercer et de le garder. Seulement voilà : l'exercice du pouvoir par François Mitterrand clôt un cycle historique de longue durée.

A quoi a donc servi la gauche ? Quelle a été son utilité sociale, son usage essentiel ? Probablement de permettre à un mouvement de révolte d'appréhender la société. Si bien que François Mitterrand, venant en effet après Jean Jaurès, Léon Blum et Pierre Mendès France, achève une longue séquence qui débute avec la révolte et l'aspiration révolutionnaire et se termine, fort logiquement au demeurant, avec l'exercice et l'occupation du pouvoir. Mais s'il y a crise, notamment et principalement des valeurs de la gauche, n'est-ce pas parce que celle-ci réalise qu'au fond elle s'est trouvée prise au piège d'une aventure individuelle ? En se donnant à François Mitterrand, la gauche s'est montrée collectivement naïve ; elle a été instrumentalisée par un homme qui a érigé l'exercice du pouvoir solitaire en système. L'identification d'un peuple, le peuple de gauche, à un pouvoir désormais inséparable d'un certain cynisme, ordonné autour d'un dessein et d'un destin personnel : telle est l'ambiguïté fondatrice du mitterrandisme. Bien sûr, l'histoire ne juge jamais qu'à la fin. Elle n'a décerné à Charles de Gaulle son brevet démocratique qu'au vu des conditions de son départ. Dès lors il ne serait pas absurde d'attendre paisiblement la fin de ce règne-ci pour juger, tant cela influencera le jugement des contemporains, comme de la postérité. Mais cette ambiguïté-là ne sera pas effacée par le départ, si noble soit-il. Après tout, douze ans sont déjà là pour témoigner.

Le pouvoir, lorsqu'il ne laisse plus apparaître d'autre ambition que celle de sa propre perpétuation en même temps que la préservation de celui qui l'exerce, prend naturellement à contre-pied tous ceux pour qui il ne saurait être qu'un moyen de transformation sociale. Au demeurant, la trajectoire de François Mitterrand s'inscrit dans une évolution plus large, qu'il ne maîtrise pas plus qu'il ne la façonne. L'événement dominant de cette fin de siècle est, et restera, la mort de l'optimisme marxiste, celui-là même qui annonçait le bonheur pour demain, et dont était imprégnée l'idéologie qui a porté la gauche autour de François Mitterrand. A cet optimisme marxiste défunt s'oppose un optimisme libéral bien vivant, triomphant même. Ce dernier est souvent confondu avec une valeur de conservation. Le libéral n'est porteur de changements sociaux que malgré lui, par des effets induits. Il explique que la meilleure société possible est celle qui existe, ici et maintenant. Petit à petit, au fil de l'exercice du pouvoir, François Mitterrand s'est converti à l'idée que le meilleur état de la société française possible est celui qui prévaut sous son gouvernement.

Un jour de 1988, on lui demanda de commenter les affiches de sa campagne présidentielle de 1965 qui le représentaient, en gros plan devant des pylônes électriques (ceux-là même qu'EDF enterre aujourd'hui pour le plus grand bien du paysage), avec la légende suivante : « François Mitterrand, un président jeune pour une France moderne » ! « Eh bien je referais volontiers les mêmes affiches, dit-il en substance, mais avec la mention suivante : François Mitterrand, un président rassis pour une France qui s'est modernisée » ! Que nous dit aujourd'hui François Mitterrand de différent du discours technocratique dominant ? Tout va pour le mieux, mais vous ne vous en rendez pas compte, vous les ouvriers, vous les employés, vous les chômeurs, parce que vous ne savez pas. Et moi, François Mitterrand, qui sais maintenant comment ça marche, je vous assure que c'est le meilleur système possible. Français, dormez tranquilles et laissez-moi gérer le pays ! Il n'y a là, finalement, qu'une évolution naturelle, à laquelle aucun pouvoir n'échappe. Sauf peut-être celui de Felipe Gonzalez : lui a non seulement réussi à être assimilé à la modernisation de l'Espagne, mais continue de s'identifier au processus même de modernisation, donc à des réformes permanentes. Sans doute aidé en cela par les mauvais souvenirs du franquisme, puisque les scandales ne l'épargnent plus non plus. A cette exception près, il est tout à fait d'usage qu'un pouvoir vieillissant se fige sur un discours de contentement. Mais il n'y a pas que cela.

Comme l'explique brillamment le philosophe André Comte-Sponville, la société française redécouvre à son tour des valeurs conservatrices, précisément celles qui sont apparues dans l'ordre politique au cours des dix dernières années. L'exemple le plus frappant est bien sûr celui de l'écologie. Qu'est-ce que l'écologisme sinon un mouvement de préservation, donc de conservation de la nature ? A l'origine, l'écologie plaide d'ailleurs pour le statu quo, quand elle ne théorise pas la « croissance zéro ». Mais le débat, tout aussi grave, qui a surgi à propos des manipulations génétiques et des sciences de la production du vivant nous conduit, avec le professeur Jacques TESTART, à l'idée qu'il faudra bien, à un moment ou à un autre, mettre des barrières pour préserver, conserver l'espèce humaine elle-même. En histoire, l'apparition du mouvement dit « révisionniste », appuyé par un fort courant d'extrême droite, conduit en retour à un combat pour la mémoire. D'une façon plus générale, d'ailleurs, la mémoire prend le pas sur l'utopie dans le discours de la gauche, comme si celle-ci s'appuyait à son tour sur la valeur du passé et de l'histoire, thèmes autrefois de droite. La culture contemporaine, enfin, est dominée par la découverte du patrimoine, qui est un peu l'homologue historiciste de l'écologie.

A la différence des idéaux de la génération de Mai 68, il ne s'agit plus de « faire du passé table rase », ou de « changer la vie », comme le proclamait le programme socialiste des années 80, mais bien de conserver, de préserver. Cela dit, la tension entre conservation et mouvement n'a pas cessé. Mais elle ne recoupe plus le clivage politique habituel entre les partis, comme entre les classes sociales. Elle se joue entre une France qui se pense en changement, en évolution, en adaptation permanente, et une France qui cherche à se réenraciner, à retrouver des certitudes, entre une France qui gagne, et une France qui perd, ou qui n'arrive pas à suivre. Politiquement, géographiquement, sociologiquement, elle dessine deux France qui ne correspondent ni au combat de 1981, ni même à celui de 1988.

Transformer, conserver : pour François Mitterrand l'impératif varie selon les moments, selon la conjoncture, selon la situation politique. Pour lui, un homme politique doit afficher quelques grands principes, pour signifier à l'opinion où il se trouve (« Voyez qui m'attaque pour savoir si je suis de droite ou de gauche », disait déjà Edgar Faure), le reste relève de l'art de la navigation; et quand on vous oppose les chemins de traverse, invoquez ces grands principes d'autant plus commodes qu'ils sont vastes et généraux, pour attester que le cap est bien tenu! Ainsi François Mitterrand veut-il sans cesse convaincre qu'il est bien une grande figure de la gauche, qu'il n'a cessé d'incarner le même combat (« Voyez qui m'attaque »...) et qu'il est toujours habité du même idéal. Si la ficelle paraît désormais un peu grosse, c'est qu'il est fondamentalement l'homme d'une époque où l'idéologie était maîtresse du monde; et lui-même était passé maître dans l'art de l'orchestration du combat idéologique. Paradoxe d'ailleurs, lorsque l'on sait qu'il n'affectionne que les romans et a peu de goût pour les traités de philosophie politique; mais il fait preuve d'un véritable talent dans ce domaine.

Néanmoins, avant de considérer la gauche comme victime de François Mitterrand, encore faut-il rappeler que celle-ci, livrée à elle-même, n'a pas encore su produire une personnalité de cette dimension. Seule, elle donne un Pierre Mauroy, un Jean Poperen, au mieux un Pierre Bérégovoy ou un Michel Rocard. Tous ses chefs historiques sont venus d'ailleurs. Jean Jaurès était issu des rangs « opportunistes », l'une des familles républicaines d'alors qui participait au combat pour l'installation de la République, mais consentait un certain nombre d'accommodements. Léon Blum, quant à lui, était conseiller d'État : le Conseil d'État n'était pas, et n'est d'ailleurs toujours pas, une officine de recrutement pour les partis ouvriers. François Mitterrand, lui, vient, par sa famille, de la droite catholique, influencée par le Sillon de Marc Sangnier, et lui-même de ce que l'on peut considérer aujourd'hui comme le centre-droit. Le premier parti dont il a été membre en tant que parlementaire, l'UDSR (l'Union démocratique et sociale de la Résistance), pourrait être aisément qualifié d'opportuniste. Les classes populaires ont de tous temps cherché un condottiere, animées qu'elles sont d'un bonapartisme spontané : François Mitterrand se situe dans cette continuité de conquête extérieure. Il est aussi dans une parfaite continuité républicaine, si l'on veut bien se souvenir de ce que Léon Gambetta avait appelé « la révolution des places ». Celle-ci est devenue, dans le vocable moderne, le *spoil system*, le système des dépouilles. Maître d'institutions qui lui permettaient d'agir à sa guise, François Mitterrand a très vite cédé à la tentation d'une véritable hégémonie mitterrandiste, à dire vrai peu différente de celles, antérieures, des gaullistes puis des giscardiens, mais aggravée par l'apparition d'un népotisme présidentiel, combinant nominations politiques dans les fonctions hiérarchiques de l'administration et clientélisme pur et simple.

Vis-à-vis de cette gauche à laquelle il n'appartient pas et qu'il a gratifiée de ses largesses en la faisant bénéficier de son sens aigu de l'amitié, il n'est pas exagéré de dire que François Mitterrand a toujours nourri un complexe d'illégitimité. En témoigne le célèbre mot de Pierre Mauroy au lendemain du congrès d'Épinay, qui a vu en 1971 la victoire de François Mitterrand et de ses partisans (dont Pierre Mauroy) sur l'équipe d'Alain Savary pour la conquête du nouveau Parti socialiste. Celui qui devait devenir le premier Premier ministre de François Mitterrand avait alors lancé, commentant l'événement : « C'est Arsène Lupin et ses complices ! » Les papiers de François Mitterrand n'ont jamais été en règle vis-à-vis de la gauche. Sa formation, à la fois catholique et monarchiste, ne l'y prédisposait pas, pas plus que sa culture, solidement de droite, ou que sa résistance dans les réseaux d'anciens prisonniers. Pas davantage d'ailleurs que sa première élection, sous la IVe République, qui lui avait permis de s'affilier à une sorte de centre indéfinissable. Pas plus enfin que sa longue carrière de ministre, onze fois sous la IVe, qui le vit siéger aussi bien dans les gouvernements Laniel (dont il démissionna), que dans celui de Pierre Mendès France, puis de Guy Mollet qu'il soutint contre Mendès et Savary. Au reste, n'avait-il pas été le ministre de l'Intérieur des débuts de la guerre d'Algérie et, pendant cette même période, le garde des Sceaux impuissant devant les multiples exécutions sommaires auxquelles procéda l'autorité militaire ? Et lorsque des poursuites contre de nombreux intellectuels de gauche, dont Georges Lavau, furent engagées ? Cette absence de légitimité l'a conduit constamment à de violents efforts pour ne jamais laisser se développer de lui une image droitière. Voilà pourquoi il tolère si mal les critiques venues de gauche, tandis que celles de droite le confortent. C'est pourquoi il a toujours laissé le champ libre autour de lui aux idéologues, qu'il s'agisse de Jean-Pierre Chevènement hier, ou plus modestement de polémistes comme Julien Dray aujourd'hui. C'est pourquoi également il a toujours veillé à ne jamais se laisser doubler sur sa droite, surtout lorsque celui qui double est, lui, en règle avec la gauche, commme c'est le cas de Michel Rocard. La conséquence concrète de ce combat pour son image a été la porte ouverte à beaucoup de démagogie, en même temps que le refus de la pédagogie.

A gauche, dans leur mouvement, Jaurès, Blum et Mendès ont essayé d'être des pédagogues de leur temps, soucieux d'intégrer la gauche dans la société française et son évolution. François Mitterrand, lui, a transmis quelques formidables leçons d'opiniâtreté dans la conquête du pouvoir, de sang-froid et de maestria dans sa reconquête, et de solides contre-exemples dans son exercice. C'est que l'homme excelle davantage dans le combat et dans l'occupation de celui-ci, que dans son usage. La raison en est que, dans la hiérarchie – officielle et officieuse – qu'il a instituée autour de lui, il est le lien unique, providentiel, de résolution des contradictions. Or lui-même ne cherche pas à les résoudre : il les assume, il vit avec. A charge pour les autres de « faire au mieux », de s'adapter. François Mitterrand a une pratique en quelque sorte lacanienne du pouvoir, laissant les désirs et leurs symptômes se développer, laissant se commettre les erreurs et attribuant à celles-ci, *ex post*, une valeur pédagogique. Ainsi, lors de la querelle scolaire, qui a culminé en juin 1984 avec une manifestation de près de 2 millions de personnes, toutes convaincues que la gauche voulait porter atteinte à la liberté de l'enseignement, il savait que son gouvernement allait droit contre un mur. Mais il ne voulait pas apparaître comme un défenseur de « l'école des curés », lui dont la propre sœur n'était autre que la secrétaire générale de l'enseignement catholique! Il attendit donc que la preuve de l'erreur ait été faite, dans la rue, pour imposer le retrait du texte. De la même façon, en 1981, il a laissé se multiplier les promesses les plus imprudentes sans inquiétude ni angoisse particulières, car la priorité était pour lui d'ancrer sa légitimité à gauche. Sans celle-ci, d'ailleurs, il n'aurait certainement pas pu l'emporter et faire en sorte que les années 80 soient marquées de son empreinte personnelle.

Légitimé à gauche en 1981, consacré en 1988 bien au-delà des frontières de celle-ci : l'histoire retiendra que ce combat pour son image lui a permis de s'imposer dans des contextes contradictoires, d'abord celui des années socialistes de la première législature, ensuite celui de la résistance présidentielle dans la cohabitation avec la droite, enfin celui de son hégémonie tranquille face à une opposition éclatée, à partir de sa réélection. Avant de subir à nouveau le feu de la critique et le poids du rejet à l'approche de la fin de son deuxième mandat.

Ces titres de gloire ont encouragé chez lui un penchant naturel à se croire infaillible, entretenu par une cour qui s'agite tant et si bien autour de lui que le monarque, apparemment toujours courtois, attentif, aimable, poli, n'en est pas moins devenu inaccessible. En outre, les années et les épreuves ont renforcé chez lui une vision particulièrement sombre de l'humanité. Il n'a aucune compassion, mais cherche plutôt dans les faits et gestes de ses amis comme de ses adversaires les motivations les plus brutales, sinon les plus basses, et guette constamment la faille, les faiblesses. C'est un homme qui pense en termes de complot, de coups bas, sans doute parce qu'il a été victime de plus d'un traquenard (de l'affaire des fuites à celle de l'Observatoire), parce qu'il a connu plus d'une traversée du désert (après 1958, quand, éliminé de l'Assemblée nationale, il avait dû se réfugier au Sénat ou, après 1968, lorsque le retour en force des gaullistes à l'Assemblée nationale et la vengeance longtemps contenue de Guy Mollet l'avaient condamné à une sorte d'exil intérieur). Bénéficiant d'une expérience politique sans pareille, puisqu'il est entré dans la vie publique en 1946, c'est l'un des rares socialistes, avec Defferre et Pisani, à avoir été ministre avant l'alternance de 1981, mais aussi l'un des rares hommes politiques à avoir connu les combats et les difficultés de la IVe République. Ayant enfin pris le contrôle d'un grand parti, dont il est devenu le chef charismatique, il a une capacité d'adaptation phénoménale.

Bien sûr, ne retenir de douze années de présidence que sa capacité à rebondir après la crise-colère de 1984 ou après la cohabitation de 1986 par exemple, ne s'intéresser qu'à son habileté tactique ou à sa capacité manœuvrière est un exercice limité : aucune de ses qualités n'auraient pu s'exercer si François Mitterrand n'avait eu un dessein stratégique, une compréhension de la Ve République et de l'histoire de la gauche qui lui ont permis de supplanter des rivaux incapables d'une telle vision d'ensemble, rivaux qui avaient pour nom, avant 1981, Guy Mollet, Pierre Mendès France, Gaston Defferre ou Michel Rocard, et après Jacques Chirac.

Mais rien n'interdit de constater que si sa présidence a été un succès personnel pour François Mitterrand, les années d'exercice du pouvoir ont été globalement un échec pour la gauche. D'un côté, l'achèvement incontestable d'une aventure personnelle, de l'autre, une défaite collective pour l'idéologie dont il apparaissait comme le grand prêtre. Depuis le moment où François Mitterrand a rêvé de conquérir le pouvoir, il a fait la preuve de son aptitude à se hisser à la fonction suprême, ainsi qu'à se montrer à la hauteur de celle-ci, mais les idées qui lui ont permis d'accéder au sommet ont été balayées par l'exercice du pouvoir. La culture d'opposition socialiste, dont il était l'oriflamme, projetait les fantasmes du XIXe siècle. Celle du monarque républicain l'a conduit essentiellement à s'adapter au temps qui vient – « Je prends l'Histoire comme elle vient », dit-il –, au besoin en utilisant les armes du vaincu, en adoptant la politique de ceux qu'il avait électoralement défaits, en validant et en faisant siens les choix qu'il avait combattus. Il n'est certainement pas le premier à agir de la sorte. N'est-ce pas Charles de Gaulle, l'homme qui n'avait pas hésité à conforter un certain parti colonial depuis les initiatives de d'Argenlieu en Indochine jusqu'au *Courrier de la colère* d'un certain Michel Debré, qui devait finalement, dans les difficultés et les drames que l'on sait, décoloniser l'Algérie ? François Mitterrand, à son tour, a exorcisé les illusions de ceux qui l'ont aidé, entouré, porté au pouvoir. Il a sculpté sa propre silhouette sur un socle libéral et européen, cependant qu'achevaient de se disperser les cendres des textes de François Mitterrand l'opposant, l'auteur du *Coup d'État permanent*. François Mitterrand est donc le triomphateur politique de ses adversaires, mais aussi le vainqueur idéologique de ses amis!

La démarche socialiste française avait été conçue comme une rupture : avec le capitalisme, disaient les textes, avec la politique de Valéry Giscard d'Estaing et de Raymond Barre, affirmaient plus prosaïquement les responsables socialistes de l'économie et du budget; au moins pensaient-ils obtenir, par le biais de la consommation populaire, une relance de la machine économique susceptible de remédier à un chômage jugé déjà trop élevé. Au-delà, elle avait pour but sinon de jeter les fondements d'une société nouvelle, du moins d'ouvrir une « troisième voie », conciliant la justice et l'efficacité, l'économique et le social, l'utopie et la gestion. Elle se voulait en tout cas ambitieuse, emblématique, innovante. Elle était, disait le Premier ministre du gouvernement d'union de la gauche, Pierre Mauroy, porteuse « d'une autre logique », donc d'autres valeurs, d'autres pratiques. Cette vision-là a échoué, très vite et très fort.

Dès 1982, il a fallu freiner brutalement les ambitions sociales; dès 1983, changer de cap sur le terrain économique en décidant de rester dans le système monétaire européen, d'en accepter les contraintes et donc de revenir à une certaine orthodoxie financière; dès 1984, abandonner le projet d'un grand service public unifié et laïc de l'Éducation nationale; en

1985 enfin, consolider l'intégration européenne, avec le lancement du projet de l'Acte unique européen, aux dépens de la nostalgie du socialisme dans un seul pays, et probablement du socialisme tout court. Ainsi la gauche est-elle passée, sans transition, du xixᵉ siècle à la préparation du xxiᵉ, sans l'étape d'un véritable réformisme social-démocrate, qui avait stabilisé les grands PS d'Europe du Nord. Il eût sans doute fallu, pour mener une telle expérience, expérimenter un vrai New Deal à la française, disposer non d'un parti de fonctionnaires et d'enseignants (plus facile à conduire) mais d'une formation mieux enracinée dans les couches populaires, à travers syndicats et associations.

Bien entendu, la première période n'a pas été effacée ; il en reste des traces sociales positives. Il n'était pas rare d'entendre François Mitterrand ou son Premier ministre Pierre Mauroy se glorifier de ce que l'étape sociale franchie dans les premiers mois du premier septennat ait été la plus importante depuis le Front populaire et la Libération. Pour grandiloquente que soit cette assertion, elle n'en demeure pas moins matériellement et globalement exacte. La retraite à soixante ans, la cinquième semaine de congés payés, les trente neuf heures, le relèvement des bas salaires et des retraites sont devenus des acquis, au point que certaines de ces mesures sont aujourd'hui sources de difficultés. Elles ont renforcé la cohorte de ces fameux droits acquis qui font tant obstacle aux réformes, tant que nous sommes dans une économie de stagnation. Toutes ces réformes avaient été lancées en tablant sur une impossible relance : leur poids est d'autant plus lourd que l'activité se réduit. Il en irait différemment dès lors que l'on retrouverait plus de productivité, d'investissements et de redistribution fiscale.

Toujours est-il que ces efforts excédaient les capacités de la France au moment où ils furent engagés, c'est-à-dire alors que le pays, comme tous les autres, subissait la crise économique la plus dure que l'Occident ait connue depuis les années 30. Selon les critères de l'économie de marché, cela n'était pas très raisonnable. C'était un compromis politique entre un projet, à certains égards démagogique, et de puissantes aspirations populaires. En tout cas, même s'il ne consommait pas la rupture avec le capitalisme, il marquait quand même un changement qu'il fallut ensuite consolider par une politique de rigueur économique et monétaire. Le mérite de Pierre Bérégovoy, qui conduisit l'essentiel de cet effort, après que Jacques Delors l'eut mis sur les rails, est d'avoir rétabli la confiance, assis la stabilité du franc, et par là même garanti que les premières mesures sociales résisteraient à l'épreuve du temps.

Avec le deuxième septennat, le changement n'était plus à l'ordre du jour. Le choix symbolique de Michel Rocard comme Premier ministre, l'entrée au sein du gouvernement d'une forte escouade de ministres dits d'ouverture, représentant pour certains la société civile, la mise en œuvre d'« une lettre à tous les Français » d'essence conservatrice, que résume à merveille le mot d'ordre du « ni, ni » (ni privatisation, ni nationalisation), qui énonçait pour tout programme l'instauration d'un revenu minimum : cette fois, il était clair que la gauche avait cessé de promettre la lune! La personnalité du nouveau Premier ministre aidant, on eut droit à un discours modeste sur une politique modeste. La gauche passait du socialisme baroque de 1981 au capitalisme tempéré de 1988.

Au reste, le grand œuvre de ce deuxième septennat, à savoir l'ancrage européen, est d'essence profondément libérale. D'ailleurs, les slogans traduisent parfaitement cette évolution. Lors de l'élection européenne de 1979, deux ans avant l'arrivée au pouvoir de François Mitterrand, le mot d'ordre des socialistes avait été : « L'Europe sera socialiste ou ne sera pas ». Dix ans plus tard, lors des élections européennes de 1989, ce mot d'ordre était devenu : « L'Europe sera sociale ou ne sera pas ». Et lors du débat sur la ratification du traité de Maastricht, tout l'effort des socialistes fut de tenter de convaincre que cette Europe, que l'on pouvait résumer à l'objectif de la monnaie unique, comporterait un volet social important. C'est dire que l'existence même de cette charte sociale n'était pas garantie, et l'était d'autant moins que l'un des États, la Grande-Bretagne, s'était précisément soustraite à toute obligation dans ce domaine.

Le ralliement des socialistes au libéralisme européen, leur célébration enthousiaste du traité de Maastricht réduisent rétrospectivement les programmes socialistes de 1971 et de 1981 à de simples mais efficaces leviers idéologiques, nécessaires pour disputer son terrain au Parti communiste, pour former une force politique capable d'accéder au pouvoir, indispensables pour structurer un parti taillé sur mesure pour un homme et pour installer ce dernier et lui permettre ensuite de se maintenir. De la « rupture avec le capitalisme » à la réalité, qui est une restructuration du capitalisme français, entre le socialisme à la française et la création d'une banque centrale européenne, indépendante de l'exécutif (comme l'était la Banque de France avant la réforme Vincent Auriol de 1936), pièce maîtresse de l'union monétaire, s'est produite une mutation historique formidable ! Celle-ci recoupe assez largement – comment ne pas le reconnaître ? – les objectifs de la présidence de Valéry Giscard d'Estaing. Ce dernier voulait en finir avec une France réputée patriarcale, jacobine, archaïque, vouée à la lutte des classes, pour atteindre le havre de la « démocratie française », pour parvenir à cette «République du centre» sur le modèle allemand qui passait et passe encore pour le *nec plus ultra* de la modernisation. Maintenant que, comme le dit l'historien Max Gallo, «seuls quelques mots restent encore dans le mausolée du socialisme, embaumés pour les visites organisées du 1er Mai ou les veilles de scrutin», le mitterrandisme apparaît essentiellement comme une technique magistrale de conquête du pouvoir, et, une fois celui-ci occupé, comme une sorte de captation de l'héritage libéral et européen.

Car le mitterrandisme est comme le coucou : il fait son nid politique dans le PS, sans être socialiste, son nid idéologique dans le marxisme, puis dans le libéralisme : il n'a d'identité que politique!

Tel est le prix de l'ambiguïté fondatrice! Elle a permis à un homme de s'imposer après le général de Gaulle comme l'acteur le plus marquant de la Ve République. Lui qui a coutume de demander qui se souvient du nom des gouvernants au temps de Jaurès, tire fierté d'avoir d'ores et déjà gouverné plus longtemps que quiconque dans l'histoire des républiques françaises (si l'on prend en compte les deux années «nulles» de la cohabitation), certes pas comme il l'aurait voulu, mais avec opiniâtreté et davantage que ses adversaires des vingt dernières années. Mais avec lui, il n'a fait triompher ni la gauche, ni le socialisme.

Là encore, on pourrait se satisfaire de ce constat banal : le décalage entre les idéaux de départ et les réalisations n'est ni une nouveauté ni une surprise. Les idéaux des Lumières, les premiers, ont été pervertis au cours de leur application par les révolutionnaires de 1792 notamment, mais en sens inverse. On peut aussi avancer que le cynisme dans l'exercice du pouvoir n'est ni une révolution ni un mal en soi, même s'il lui arrive de prendre des formes choquantes, comme par exemple lorsque l'on théorise l'urgente nécessité de réformer les institutions et de réduire la durée du mandat présidentiel, que l'on invoque la pensée constante et cohérente du président en la matière pour s'apercevoir en fin de compte qu'il s'agissait d'un leurre : le débat n'était mis en avant que parce que les choses allaient mal, et une fois la situation rétablie, il devenait tout aussi urgent de n'en plus parler, ou de faire comme si le débat n'avait pas existé. De même, peut-on sourire à l'écoute du syncrétisme présidentiel qui, appliqué aux conflits sociaux, donne à peu près ceci : il faut tenir compte des exigences des salariés, sans oublier les contraintes de l'économie; ou bien encore : il faut satisfaire les lycéens, sans mécontenter les professeurs; il faut donner aux infirmières leur juste part, sans provoquer de surenchères ailleurs, ou encore encourager la Bourse et condamner les spéculateurs, ceux qui « s'enrichissent en dormant », lors de l'affaire Pelat. Ce type de discours finit évidemment par lasser, l'usure du pouvoir aidant, mais il ne motive pas à lui seul le besoin d'une rupture. Celui-ci vient bien davantage d'une cassure morale qui paraît devoir tout emporter.

Le déficit moral a trait, pour l'essentiel, à l'argent, au fossé entre l'homme qui n'a jamais eu de mots assez dur pour fustiger l'argent sale, l'argent qui corromp, qui a toujours dénoncé ceux qui s'enrichissent « en dormant », et une pratique publique qui a donné naissance au climat pourri des « affaires », parce qu'elle a tendance à mélanger allègrement les genres.

Sous la Ve République, en fait, tout commence et tout finit à l'Élysée. Le comportement même du chef de l'État induit une multitude d'attitudes, comme par exemple le mimétisme des acteurs politiques. Qui ne se souvient de Chirac parlant comme Giscard, de la componction de certains ministres de l'époque? Aujourd'hui, les envolées lyriques de Laurent Fabius, les mains que l'on pose à plat sur la table, l'une sur l'autre, relèvent du même phénomène. Plus sérieusement, la manière du général de Gaulle avait suscité, dans l'ensemble du secteur public, des comportements autoritaires de la part des grands commis de l'État de l'époque qui ne s'embarrassaient donc pas de nuances dans l'action. De même, le modèle Mitterrand a donné naissance à une kyrielle de Machiavel au petit pied, de Florentins qui s'imaginent chacun plus habile que le voisin et le font savoir. Chacun s'évertue désormais à mettre en scène son propre personnage, à bâtir ses propres réseaux, y compris financiers, à ne s'entourer que de fidèles, etc... En matière d'argent aussi, ce modèle a suscité un comportement qui prête le flanc à la critique.

Dans ce domaine, la gauche croyait au dogme de l'Immaculée Conception. Après avoir eu sous les IIIe et IVe Républiques son lot de scandales. Mais la longue relégation de 1962 à 1981 l'avait en quelque sorte revirginisée. Sa conversion aux réalités ne pouvait donc manquer de lui faire entr'apercevoir la réalité. A sa décharge, il faut lui reconnaître le mérite d'avoir enterré l'utopie d'une société sans argent, l'effondrement du communisme étant d'ailleurs là pour nous rappeler l'ampleur de la corruption qui gangrenait le système qu'avait engendré cette utopie. En outre, la course à la consommation a modifié depuis longtemps le rapport de chaque Français avec l'argent. Sans doute est-il vrai également que les conservateurs, au nom du libéralisme, ont façonné leur propre « morale », règle du jeu qu'ils s'appliquent à eux-mêmes de préférence au droit. La morale « du monde des affaires » a peu à voir avec la morale tout court. La grande bourgeoisie s'est fait depuis longtemps la réputation de régler ses affaires à l'abri des regards. Alors que la gauche, dans ce domaine, souffre d'au moins deux handicaps : un certain amateurisme, fruit de son long éloignement du pouvoir et son origine sociologique, car pour nombre de ceux qui ont accédé à des responsabilités dans la foulée des victoires de François Mitterrand, le pouvoir a été et reste un moyen de promotion sociale que certains recherchent avec quelque avidité. D'autant qu'à la différence de l'Amérique, il y a peu de reclassements de la politique vers les affaires. C'est par la politique seule qu'on peut directement – et illégalement – s'enrichir.

A sa décharge, toujours, convenons que la véritable difficulté pour la gauche a été, et reste encore, de réduire le grand écart entre l'acceptation de l'économie de marché en tant qu'horizon pour le moment indépassable, et l'utopie d'un monde sans argent. Aujourd'hui encore cette notion même d'« horizon indépassable » est une hérésie pour beaucoup de socialistes : tout en étant prêts à admettre que l'économie de marché est une contrainte du présent, ils voudraient continuer de croire que, à terme, elle peut disparaître et laisser la place à un socialisme dont personne n'a donné une définition pertinente et convaincante. Oui, les socialistes n'ont jamais vraiment maîtrisé cette réalité que leur culture a toujours niée : ils n'ont jamais vraiment appréhendé la place centrale de l'argent dans la société moderne. Ajoutons à cela que la France n'est pas le Japon, avec son cortège constant de scandales boursiers touchant les plus hautes autorités gouvernementales, qu'elle n'est pas non plus l'Italie, où les « délits d'État » le disputent aux méfaits de la Mafia, et relevons que l'économie planifiée a elle aussi abouti à une société parfaitement corrompue, tandis que le libéralisme « a légitimé et justifié la corruption », comme l'écrit Alain Cotta ; soulignons que le corps social demande abusivement aux politiques d'incarner aujourd'hui la vertu, comme il l'exigeait hier des prêtres. Constatons enfin qu'une justice politique, c'est-à-dire une justice instrumentalisée par un pouvoir qui veut se protéger, comme ce fut le cas au moins jusqu'à la nomination de Michel Vauzelle au poste de garde des Sceaux, conduit inévitablement à une politique de justiciers, etc. On peut alors conclure que tout cela devait fatalement dégénérer en combat politique. Mais on ne peut en rester là.

Car chacun sent bien que la coupe est pleine. Qu'au-delà du choc que provoquent, et continuent de provoquer, les péripéties judiciaires de ces affaires, qui mêlent politique et argent, il faudra bien obtenir de ceux qui « concourent », de par la Constitution, « à l'expression des suffrages », qu'ils mettent sinon un terme, du moins un frein au « toujours plus » d'argent, de dépenses, de budgets de communication dans lesquels ils sont tous engagés. Paraphrasant Tocqueville, on pourrait dire qu' « à mesure que la masse de la nation tourne à la démocratie, la classe particulière [de la politique] devient plus aristocratique ». Ce qui veut dire qu'elle se constitue insensiblement en privilégiature. Une petite privilégiature, certes, au regard de certains secteurs de la société et des sommes qui sont alors engagées, mais une privilégiature tout de même, particulièrement mal ressentie par l'opinion, qui n'est pas loin de vouloir en faire un bouc émissaire après l'avoir sacralisée.

En fait, c'est le solde d'une décennie dont il est question, celle qui fut dominée par l'idéologie de l'argent. « Mettre de l'argent à gauche, c'est adroit. » Ce slogan publicitaire qui fit un temps la fierté des socialistes, fraîchement convertis à la réalité économique, résonne aujourd'hui cruellement... Il existe quatre sources principales d'affaires et de corruption : l'explosion de la Bourse, dont la mise au niveau international s'est accompagnée de quelques dérapages retentissants avant que ne soit mis en place un système plus serré de surveillance ; l'immobilier, avec son cortège d'exclusions pour cause de spéculation, domaine de bien plus grande ampleur que la politique, et par les sommes en jeu et par les risques que prennent ceux qui y mettent le nez ; la loi Royer, originellement destinée à protéger le petit commerce, qui a instauré des commissions départementales, lesquelles sont devenues le lieu des trafics d'influence lors de l'implantation d'une grande surface ici ou là ; la décentralisation enfin, qui permet des jeux financiers sans contrôle et a multiplié les occasions de corruption lors de la passation des marchés publics. Ce sont là, souvent, des effets pervers de réformes qui en elles-mêmes étaient nécessaires, et sur lesquelles, s'agissant notamment de la Bourse ou de la décentralisation, personne n'envisage de revenir, bien au contraire. Le tort de la gauche et des socialistes a été, dans chaque cas, de tenter de visser le couvercle sur la marmite, provoquant ainsi la révolte de la magistrature.

Il serait peut-être abusif d'affirmer que la conduite de la classe politique est régie par l'amoralité. De même serait-il dangereux de rechercher à tout prix une pureté, une vertu, qui est en elle-même étrangère à la démocratie. Celle-ci est un processus d'apaisement des conflits d'intérêts qu'engendre toute société. La croisade de certains juges, relayée par des hommes comme Philippe de Villiers, poussée au bout de sa logique, est donc une entreprise abusive. La justice aussi est un pouvoir. Le déséquilibre peut se manifester en sa faveur, aux dépens du pouvoir exécutif, et le résultat est dommageable pour la démocratie. A condition toutefois que ce pouvoir ne considère pas le pays comme une société à irresponsabilité illimitée. Max Weber avait coutume de distinguer morale de conviction et morale de responsabilité. Il soulignait que la première, génératrice d'absolu, était dangereuse et que la seconde conduisait à d'inévitables compromis. La solution ne réside vraisemblablement ni dans l'une ni dans l'autre, mais dans le dosage de l'une et de l'autre. Il ne vient pas à l'idée de quiconque tente de se dégager des contingences politiques du moment de contester que les socialistes ont globalement gouverné de façon « responsable ». Mais ils se sont mis dans l'incapacité de revendiquer la cohérence des sacrifices consentis par les Français, sous leur direction, pour demeurer dans le groupe de tête des pays industriels, entrer de plain-pied dans la compétition mondiale et conserver une capacité politique dont sont dépourvues les puissances économiques comparables. Face aux ratés qu'a entraînés leur conversion au réel, ils ont cessé de réagir en hommes de conviction, pour ne retenir que la logique des hommes de pouvoir, influencés en cela par le premier d'entre eux.

La défense de la démocratie, comme d'ailleurs celle d'un pays, suppose sinon une levée en masse des démocrates, ce qui serait tout de même la chose la meilleure, du moins l'intériorisation par le plus grand nombre d'un code collectif, d'une morale collective, d'une éthique. C'est bien ce fil-là qu'il s'agit aujourd'hui de retrouver. La politique n'est pas seule en question : la corruption a progressé dans toutes les sphères de la société et la politique, au fond, s'est mise au goût du jour. Elle vit avec l'air du temps. Le contraste est donc particulièrement brutal et choquant entre une politique prise au piège de la banalisation de l'argent et la révolte de certaines banlieues qui, elles, aspirent entre autres à consommer. Comment, dans ces conditions, face à un tel décalage, faire simplement admettre l'idée de l'intérêt général?

En tout cas, ces affaires d'argent ne sont pas seulement le signe que la gauche s'est débarrassée – et avec quelle ardeur! – de ses dernières culpabilisations, mais aussi qu'elle a perdu sa raison d'être aux yeux d'une partie de ceux qui lui faisaient traditionnellement confiance. Surtout parce que l'inflation des dépenses politiques s'accompagne le plus souvent d'une déflation des idées et des militants. Moins il y a d'enjeux politiques, plus il y a d'espaces marchands, qui finissent par en tenir lieu. Moins on a d'idées à vendre, plus on vend de l'image. La société politique est devenue une société marchande, commerciale et publicitaire au-delà du raisonnable.

Cela dit, les partis doivent avoir de l'argent pour vivre, les candidats doivent avoir les moyens de faire campagne, de sorte que l'argent ne soit pas réservé à ceux qui en ont, et que nous ne soyons pas ramenés à une pratique d'Ancien Régime, avec des aristocrates ou des grands bourgeois sachant comment manier l'argent et connaissant les moyens d'agir dans la plus parfaite opacité. Mais le niveau actuel des dépenses publiques, du financement des partis et des campagnes est celui de la débauche. Et la politique ne peut pas se réduire à une course à l'argent, qui a d'ailleurs été alimentée par la faiblesse militante. Les cotisations s'amenuisant, l'irrigation du terrain social qu'assuraient les militants a été remplacée par des campagnes de promotion, le simple collage d'affiches étant même assuré, pour la plupart des partis, par des sociétés privées. Bref, l'état des lieux nécessite de façon urgente une remise à zéro des compteurs. Et de revoir les comptes à la baisse! Car la vie politique moderne se fonde, désormais, sur la proximité. Les gens veulent être convaincus eux-mêmes : cela nécessite des chaussures et un costume ; quant aux médias, leur accès est gratuit. La campagne pour le référendum sur le traité de Maastricht a ainsi été conduite avec des moyens relativement faibles : peu ou pas de campagnes d'affiches, des panneaux légaux presque vides. Ce fut pourtant une campagne très suivie : elle s'est faite dans les médias, et dans des réunions de proximité. La démocratie moderne est celle de la semelle et de la télévision : elle n'a pas besoin d'autant d'argent qu'elle le croit.

Mais pourquoi rendre François Mitterrand responsable d'une situation qui le dépasse largement ? Parce que la somme des espoirs, et des investissements affectifs et idéologiques qu'il avait su capitaliser ne peuvent que refluer au constat de ce mitterrandisme qui finit en affairisme. Parce que dans le système tel qu'il est, et qu'il faudra bien corriger, le président est le garant d'un certain nombre de valeurs qui soudent ceux qui se sont reconnus sur son nom, et au-delà, le pays lui-même. Parce que son comportement, dans notre société médiatique, est sous le contrôle constant, instantané, des caméras et qu'il est lui-même un exemple, un modèle, pour toute une série de gens qui ont été placés par lui à des postes clés de l'économie, de la société ou de la fonction publique. Et c'est bien le comportement du chef de l'État, cette fameuse ambiguïté, qui crée le malaise. Depuis toujours, François Mitterrand a entretenu avec l'argent des relations ambivalentes, le condamnant dans ses discours avec des accents venus tout droit de Charles Péguy et de Georges Bernanos, mais l'acceptant de généreux donateurs qui, très tôt, ont cru en son destin. Cette pratique était, somme toute, morale : elle consistait à recevoir, sans rien donner en échange. François Mitterrand ne voulait pas connaître les responsables de cette générosité, du moins dans ce qui touchait sa ligne politique : les options qu'il prenait, les positions qu'il défendait n'étaient nullement sous l'influence de ceux qui contribuaient non seulement à ses activité politiques, mais à son statut social, à son propre standing. Son ami Roger-Patrice Pelat, l'homme d'affaires qui mourut alors qu'il était soupçonné de délit d'initié dans la transaction conclue entre le groupe français Péchiney et l'américain American Can, était de ceux qui ont toujours aidé François Mitterrand. Parce que Roger-Patrice Pelat était de ceux qui croyaient dans le destin de François Mitterrand. Là où les choses ont commencé à devenir moins simples, c'est lorsque François Mitterrand est arrivé au pouvoir. Certaines pratiques se sont poursuivies et élargies à des sphères qui touchent le secteur public ou parapublic à travers différents réseaux de financement. Le président a fermé les yeux sur les avantages liés à certains marchés, comme si l'on ne pouvait agir autrement, acceptant de perpétuer des us et des coutumes connus des initiés, et ouvrant ainsi la porte à d'autres abus. Mais suffit-il de se justifier en s'abritant derrière les pratiques « des autres » ? Peut-on raisonnablement se satisfaire d'une ligne de conduite qui tient dans la formule : « Puisqu'ils – les autres – agissent ainsi pourquoi venez-vous me le reprocher » ? C'est dans ce glissement progressif vers le plaisir que procurent le pouvoir et l'argent que se situe aujourd'hui le cœur du malaise.

Chapitre 5

LES OCCASIONS MANQUÉES

« De Gaulle pouvait être Washington et fonder une République. Il s'est contenté de faire du gaullisme. Il pouvait restaurer l'État qui se mourait, faute de soins; il n'a fait qu'assouvir sa volonté de puissance. Il pouvait rassembler autour de lui les élites, anciennes et nouvelles, réveiller les énergies populaires et susciter l'élan passionné de la jeunesse; il s'est complu à organiser le désert politique français. »

Ce « compliment », adressé au fondateur et premier président de la Ve République, est naturellement de François Mitterrand, dans son ouvrage le plus polémique, *Le Coup d'État permanent*. Il est, hélas, aisé de le renvoyer à l'auteur. François Mitterrand aurait pu être Washington et refonder la république; il s'est contenté de faire du mitterrandisme, et d'aller, comme tout homme, selon Thucydide, historien qu'il aime citer, « au bout de son pouvoir », au bout de sa propre personnalité. Il pouvait restaurer l'État; il n'a pas engagé, comme il l'aurait dû, sa transformation en profondeur. Il pouvait rassembler autour de lui, bien au-delà de la gauche; il a finalement installé un État socialiste, qui n'a pas peu contribué au phénomène d'usure qu'il subit aujourd'hui de plein fouet. Il s'est enfin résigné au désert politique français, quand il n'en a pas organisé la « décomposition », annoncée par Raymond Barre, sans dessiner les contours de la nécessaire recomposition. Au-delà de cette polémique, et des schématisations qu'elle comporte, il est légitime d'imputer à François Mitterrand un certain nombre d'occasions manquées.

Le jugement actuel est sans doute injuste à son endroit, du fait du caractère paradoxal des années Mitterrand : d'un côté des tentatives idéologiques – expérience socialiste en 1981, libérale en 1986 –, de l'autre, et au même moment, la crise des idéologies atteint au plus profond, et se prolonge par l'indifférence de l'opinion, par sa démobilisation, et par les progrès de l'incivisme. D'un côté des soubresauts institutionnels, qui auraient pu mettre à mal le régime, comme la non-coïncidence des majorités présidentielle et parlementaire, les changements de mode de scrutin, les dissolutions; de l'autre la consolidation apparente de ce même régime, grâce à l'élargissement du champ des consensus dans la société française et à l'habileté manœuvrière du président. D'un côté, un poids des partis dans la société jamais atteint jusqu'alors, avec un parti dominant, le parti majoritaire, le Parti socialiste, ouvertement imbriqué dans les institutions, au point de provoquer dérives et confusion des genres en matière de financement, de l'autre, un désintérêt croissant du citoyen, qui se traduit par le désert militant, l'abstentionnisme électoral, et la montée d'un courant protestataire d'extrême droite qui prend le relais d'un communisme en déclin brutal.

Ces paradoxes ne sont guère aisés à interpréter; ils ont conduit à des visions sommaires, dans un sens ou dans l'autre; puis l'usure du pouvoir aidant, ils font désormais l'objet de « relectures » négatives. Aussi n'est-il pas inutile, avant de s'attarder sur les carences de cette période, de faire un rapide inventaire des évolutions de la gauche sous l'impulsion de François Mitterrand, qui ont été autant de reconversions difficiles réussies, là où la plupart des familles politiques françaises n'ont pu les mener à bien.

D'une certaine façon, François Mitterrand a été victime de ses succès. Ainsi en est-il de la réussite qu'a constituée la transformation du Parti socialiste, formation parlementaire, totalement imprégnée des mœurs du régime que la Ve République a abattu, pleinement intégrée aux mécanismes des Républiques parlementaires, qui s'est transformée en un mouvement collant jusqu'à la caricature aux règles du jeu de la Ve République avec une telle discipline qu'elle a conduit, pratiquement, à son effacement. Il en est de même de la transformation d'un parti doté d'une culture d'opposition, armé d'une doctrine héritée de son long statut de force minoritaire, imprégné de complexes vis-à-vis d'un communisme que la gauche avait continué de voir tout-puissant et de références empruntées au marxisme, en un parti de gouvernement. Celui-ci est capable d'assurer la direction de l'État et de produire, avec le temps, quelques-uns des meilleurs gestionnaires que la France ait connus, comme Pierre Bérégovoy; il parvient à renouveler le personnel politique, à faire apparaître des visages nouveaux autant que prometteurs, comme Ségolène Royal, Frédérique Bredin, Martine Aubry, Élisabeth Guigou, Michel Vauzelle ou Dominique Strauss-Kahn au gouvernement, le brillant député de la Corrèze, François Hollande, ou des valeurs confirmées comme Michel Delebarre. Autant de personnalités qui non seulement marquent leur passage dans la vie publique, mais peuvent légitimement espérer incarner un jour les espérances de la gauche. Ce point n'est pas le moins important. Car il eût été désastreux que la gauche fût confisquée par la « génération Mitterrand », la vraie, celle du premier cercle, qui vieillit en même temps que le patron. Il faut se souvenir que le MRP mourut d'avoir été l'aventure d'une seule génération, incapable qu'il fut de se régénérer.

Succès encore que la transformation de la gauche socialiste, gauche populaire qui s'était progressivement repliée sur les terres en déclin du radicalisme, en un mouvement enraciné au départ dans les nouvelles classes moyennes, puis avec le deuxième septennat dans les catégories les plus dynamiques de la société française. Cette réussite-là a permis deux succès électoraux historiques, l'un à la faveur de la première dissolution de mai 1981, qui a vu l'apparition d'une majorité absolue socialiste à l'Assemblée, l'autre, bien que sanctionné par une simple majorité relative (il a manqué 13 sièges pour la majorité absolue), à la faveur de la seconde dissolution, en mai 1988. Tranformation réussie également que celle d'un parti laïc, héritier de la guerre de religions républicaine du XIXe et du début du XXe siècle, qui a réalisé dans sa base militante, puis dans son électorat, l'intégration d'une fraction importante du monde catholique, dépassé les clivages culturels qui bloquaient son expansion, pour finalement mettre un terme à cette querelle que vient de couronner un Jack Lang œcuménique. Réussite enfin que celle du combat d'un parti de gauche, longtemps paralysé par l'omnipotence et l'omniprésence politique, électorale et idéologique du Parti communiste, qui est parvenu à marginaliser ce dernier, grâce à la pratique de l'union, mais sans pour autant accompagner cette victoire d'une reconstitution pourtant si nécessaire d'un mouvement syndical post-CGT.

Combats réussis, succès indéniables, trophées d'un mitterrandisme triomphant, mais qui n'ont pas mis pour autant la gauche et les socialistes à l'abri des crises ni des scandales ni des dysfonctionnements apparus au fil des années, aggravés par la longévité et la perte d'identité.

Mais peut-être l'interprétation est-elle essentiellement défavorable en raison de l'ambiguïté qui préside toujours aux démarches du principal intéressé, François Mitterrand! Ambiguïté originelle dont l'évocation suscite chez lui un mépris glacial, et que l'on retrouve pourtant jusque dans les actes qu'il est difficile, sauf mauvaise foi politicienne, de ne pas porter à son crédit.

Ainsi les progrès de l'unité européenne. Oui, dans ce grand œuvre-là, François Mitterrand a apporté plus que sa pierre. Oui, le pays lui est redevable des avancées accomplies dans ce domaine. Après un début de septennat mené tambour battant (avec, notamment, l'élection du Parlement européen au suffrage universel), Valéry Giscard d'Estaing avait été bloqué dans son élan par Mme Thatcher; blocage qui s'installa dès 1979 et fut aggravé, à l'intérieur, par les menées d'un RPR hostile à tout progrès de l'Europe, sous la houlette d'un Jacques Chirac qui voyait en VGE le représentant du « parti de l'étranger ». La Communauté fut paralysée jusqu'à ce que trois hommes, Jacques Delors, Helmut Kohl et François Mitterrand, décident de lever ce blocus. C'est à l'issue de six mois de présidence française, en 1985, au sommet de Fontainebleau, que la machine européenne fut relancée, pour déboucher sur l'Acte unique et le traité de Maastricht. D'où vient que de tels succès ne soient pas davantage pris en compte? Parce qu'on attend de François Mitterrand qu'il soit cohérent, et qu'il tire sa force de son ambiguïté; parce que ses méthodes de gouvernement comportent une telle part de brouillage, d'apparent double jeu, de combinaisons que l'on finit par perdre de vue l'essentiel, qui peut être la réussite.

La mise en place de l'union européenne marque sans aucun doute la fin du grand établissement français, au sens où cette nostalgie-là continue d'être entretenue notamment par des hommes comme Philippe Séguin ou Jean-Pierre Chevènement. Mais en même temps cette entrée dans l'Europe est une chance pour la France. François Mitterrand ne l'a pas manquée. Malheureusement, au fur et à mesure qu'il avançait vers cette terre promise européenne, il a paru hésiter, probablement plus par tactique que par réelle interrogation. Ce qui est en cause, en l'espèce, c'est la manie, peut-être inévitable d'ailleurs à ce niveau de pouvoir, de vouloir constamment jouer sur deux tableaux, de maintenir toujours deux fers au feu, de ne jamais être l'homme d'une seule stratégie, peut-être tout simplement pour continuer de croire à sa propre liberté ; au point de finir par occulter, aux yeux de l'opinion en tout cas, le combat principal.

L'épisode de mars 1983 est significatif : au lendemain de la défaite de la gauche aux élections municipales, et alors que le Fonds monétaire international frappait à notre porte, François Mitterrand se montra sensible aux sirènes qui plaidaient, globalement, pour la construction du socialisme dans un seul pays, et donc la sortie du système monétaire européen. La crise ne se dénoua qu'au bout de dix jours, dix jours pendant lesquels l'opinion fut laissée en plein brouillard, et où les acteurs, Jacques Delors, Pierre Mauroy, mais aussi Pierre Bérégovoy, purent jouer leur rôle, de façon parfois très théâtrale. Le président fut alors à deux doigts de nommer Premier ministre son ami l'industriel Jean Riboud, fervent partisan d'un retour au protectionnisme, mais décida finalement de maintenir à son poste Pierre Mauroy, qui, aidé de Jacques Delors, était déterminé à garder le cap sur l'Europe au moment décisif. Or, François Mitterrand a hésité. Avec le recul, cette hésitation est compréhensible, surtout si l'on songe à la gravité du choix qui fut fait en mars 1983. Mais elle s'est inscrite, sur le moment, à son passif.

L'opinion lui impute également les hésitations de l'année 1989, marquée le 9 novembre par une date historique, celle de la chute du mur de Berlin, et de la voie ouverte à l'unification allemande. Au moment même où se mettaient en place les éléments qui devaient y conduire, François Mitterrand a paru vouloir la contrarier : par une visite en Allemagne de l'Est, visite d'État, solennelle, au cours de laquelle il accorda toute sa sympathie à la nouvelle équipe gorbatchévienne Modrow-Gysi, tout cela le jour où Kohl tenait meeting à la porte de Brandebourg. Par le sommet de Kiev, au cours duquel il parut encourager Mikhaïl Gorbatchev à résister face à cette évolution allemande alors que Gorbatchev et Chevardnadze penchaient déjà en sens contraire. Bref, la France sembla alors vouloir freiner la marche vers l'unité, alors qu'elle aurait dû en prendre la tête, comme le prônait Jacques Delors, ne fût-ce que dans la mesure de ses moyens, qui étaient en l'espèce purement symboliques. Or, au moment où Helmut Kohl avançait à marche forcée vers l'unité, avec le soutien de la grande majorité des Allemands, dont Willy Brandt, François Mitterrand accordait à Oskar Lafontaine, alors leader de l'opposition social-démocrate et opposant quelque peu poujadiste à la réunification, un traitement de choix : on le fit parader en voiture décapotable par la sortie de la grille du Coq. Quel contraste entre le traitement réservé à Lafontaine et l'ignorance où fut tenue l'opposition SPD en 1983, lors du discours de Kohl au Bundestag! C'est encore sans crier gare que François Mitterrand décida d'évacuer le territoire allemand, alors que le chancelier ne souhaitait pas voir les troupes françaises quitter, dans ces délais, le sol de ce qui était encore la République fédérale, comme si ce geste qui suivait la décision soviétique de repli unilatéral avait pour souci essentiel de déstabiliser les Américains dans leur volonté de se maintenir en Europe dans le cadre de l'OTAN.

Maintenant que les deux hommes ont repris leur marche en avant, et qu'ils ont donné à la défense européenne, via la création d'un corps d'armée franco-allemand, une impulsion décisive, ces querelles peuvent paraître secondaires, anecdotiques ou dépassées. Mais à l'époque, elles ont nourri le sentiment que François Mitterrand jouait Gorbatchev pour limiter la marge de manœuvre de Kohl et voulait sauver, parfois contre elle-même, une certaine puissance soviétique et une certaine continuité communiste à l'Est. De même, les mille grâces à Jaruzelski, et les visites aux régimes discrédités de Bulgarie et de Tchécoslovaquie en 1988-1989, les mises en garde aux Baltes et le rejet violent d'Eltsine. C'est pourquoi l'épisode de l'unité allemande fait partie des occasions manquées par François Mitterrand, en l'occurrence celle d'être en phase avec une percée historique. C'est Helmut Kohl qui relancera ensuite une alliance française dont il a besoin, en passant l'éponge, mais sans la sympathie d'autrefois. Comme en 1983, François Mitterrand n'a pas été insensible aux arguments d'un Jean-Pierre Chevènement qui, obsédé par le danger allemand, conseillait au président d'isoler l'Allemagne. Le jeu soviétique qui s'ensuivit fut très poussé de la part de la France, au point que, au moment de la tentative de putsch contre Gorbatchev, à l'été 1991, celle-ci parut accepter la logique d'une reprise en main à Moscou par les éléments durs.

Pendant cette période, François Mitterrand avait pourtant une obsession : il voulait s'assurer du règlement rapide de la question de la frontière entre l'Allemagne et la Pologne (la fameuse ligne Oder-Neisse). Pour des raisons électorales, Helmut Kohl restait ambigu sur ce problème, soulignant qu'en reconnaissant cette frontière, l'Allemagne n'abandonnait pas moins du quart du territoire de l'ancien Reich... François Mitterrand savait bien qu'il était crucial pour l'avenir de clarifier la position allemande : il pesa donc de tout son poids, avec succès d'ailleurs puisque Helmut Kohl, ayant entre-temps gagné les élections, accepta de sacraliser la ligne Oder-Neisse. Mais l'opinion ne retint de cette période que l'inutile tentative française de freinage du mouvement irréversible de l'unité allemande. Elle garda souvenir du fait que François Mitterrand, en s'appuyant à l'excès sur Gorbatchev, avait donné l'impression de vouloir sauver la mise d'un communisme moribond et, plus encore, qu'il avait alors sous-estimé les virtualités démocratiques qui s'exprimaient dans ce qui était encore l'Union soviétique, et ailleurs.

Car il y eut aussi, au même moment, le soutien accordé à un pouvoir encore suspect, celui du président Iliescu en Roumanie, même et surtout après les exactions des mineurs du Tiu à Bucarest en juin 1990, et, d'une façon générale, la méfiance que la France semblait exprimer à l'égard des nouvelles démocraties de l'Europe de l'Est, lorsque celles-ci avaient pour premier geste de frapper à la porte de la Communauté. Si l'on ajoute la compréhension exprimée à une vitesse record par François Mitterrand à l'égard d'une éventuelle reprise en main en Union soviétique, tout cela paraissait dessiner les contours d'une ligne qui, tout en protestant de son attachement à la sacro-sainte alliance franco-allemande, cherchait au contraire le maintien d'un contrepoids face à l'Allemagne, et manifestait un véritable antagonisme vis-à-vis des États-Unis.

Sans doute, lors de la tentative de putsch de Ianaev et des siens, Helmut Kohl demanda-t-il par un coup de téléphone à François Mitterrand de prendre une position prudente à l'égard des éventuels nouveaux maîtres du Kremlin, ne serait-ce que parce que le chancelier devait compter avec une partie non négligeable de l'armée soviétique stationnée sur le sol de l'ex-Allemagne de l'Est. Mais ce coup de téléphone, qui n'était pas une injonction à la complaisance qui fut manifestée, n'enlève rien, dans la mémoire collective, au fait que la France apparut prête à faire un bout de chemin avec un régime autoritaire; comme si François Mitterrand se résignait à la « fatalité de l'Histoire », celle-là même qu'on lui reproche d'accepter en Yougoslavie. Son attitude fut en tout cas suffisamment ambiguë pour que Gorbatchev le lui fasse savoir par le biais de ses « mémoires », qu'il devait « rectifier » une fois que les choses seraient rentrées dans l'ordre, c'est-à-dire après que François Mitterrand se fut mis en frais pour lui faire oublier ce fâcheux épisode.

Tous ces événements n'enlèvent rien au fait que François Mitterrand est, en France, pour la fin du XXᵉ siècle, l'homme du parti européen, l'homme de l'ancrage dans cette Europe que l'Américain Lester Thurow décrit comme la super-puissance du XXIᵉ siècle, à la condition qu'elle continue dans la voie de l'intégration.

Les traces de ce jeu toujours emprunt d'ambiguïté entachent d'autres actes soit du président, soit du leader politique, même s'ils sont moins connus. Il en est ainsi du fameux discours du Bundestag, prononcé en 1983, au cœur même de la bataille des euromissiles, intervention décisive s'il en fût puisque François Mitterrand y désigna clairement l'agresseur potentiel, celui qui avait installé les SS20, par sa célèbre formule « les fusées sont à l'Est, les pacifistes sont à l'Ouest ». Cette prise de position, ferme et sans ambiguïté, était le point d'orgue d'une diplomatie alors entièrement tournée vers la fermeté à l'égard de l'URSS bréjnévienne, qui avait vu le président vouloir « réveiller l'esprit de résistance assoupi » des Européens, car à ses yeux l'Europe occidentale ne pouvait pas « vivre en liberté surveillée sous l'œil froid des SS20 ». Elle montra le chemin et fut un des moments clés de cette épreuve de force qui devait tourner à l'avantage des Occidentaux, sans que l'opinion ait d'ailleurs parfaitement mesuré la gravité de la situation pendant la crise. C'est pourtant dans ce contexte que François Mitterrand laissa Roland Dumas, ce grand seigneur qui ressuscite chaque jour le XVIIIe siècle, son confident de toujours, son associé, aujourd'hui son maître d'œuvre en matière diplomatique, il le laissa donc, simple député de la Dordogne, signer l'« appel des Cent ». Dans ce texte, un certain nombre de pacifistes et de crypto-communistes proclamaient au contraire, derrière Georges Séguy, que le danger venait plutôt de l'Ouest que de l'Est. Non que Roland Dumas soit le moins du monde un crypto-communiste : il est d'abord et avant tout un avocat d'affaires et un fidèle parmi les fidèles du président, et il n'a pas d'autres convictions qu'un antifascisme viscéral qui lui vient de son histoire personnelle. En signant, il permettait simplement au président de se garder à gauche.

En d'autres occasions, lorsque François Mitterrand jouait une carte, il lui est arrivé d'envoyer Roland Dumas en tenter une autre, une sorte de « on ne sait jamais ». Dans un déjeuner célèbre ayant eu lieu en 1957 raconté par Arthur Conte, François Mitterrand pronostiqua le retour du Général et lança, lui qui n'était encore qu'un parmi les jeunes et brillants produits de la IVe République : « Après dix ans de gaullisme, ce sera moi. » Vision fulgurante qui contribua à façonner la légende de l'habilité et de l'infaillibilité du politique. C'est pourtant cet homme-là qui, en même temps, dépêchait Roland Dumas, autre jeune député, pour transmettre au Général un message bienveillant, l'assurant qu'un certain nombre de jeunes parlementaires comme lui souhaitaient que la République confiât une mission à de Gaulle. De même, lorsque éclate la guerre des Six Jours en 1967, François Mitterrand prend des positions ouvertement pro-israéliennes. C'est l'époque où il envoie ses fils au kibboutz, et où la famille Mitterrand ne tarit pas d'éloges sur le socialisme à l'israélienne qui, au demeurant, ne manquait ni de vigueur ni de vertus. C'est encore au même moment que Roland Dumas multiplie les contacts dans le monde arabe, qui feront progressivement de lui le premier interlocuteur de l'OLP en France. Roland Dumas, ou le parachute ventral du président...

Au fond, c'est là que réside en partie l'explication des occasions manquées de la décennie Mitterrand, dans une certaine façon, madrée, rusée, trop rusée peut-être, de faire de la politique. Sans doute eût-il mieux valu ne pas proclamer qu'on allait changer le monde, mais s'armer d'une bonne science du contemporain et appliquer un véritable art de gouverner. Or, il est arrivé qu'il n'y ait ni l'une, ni l'autre. L'exemple type de cette double carence est sans doute constitué par les méandres, les soubresauts et les détours qui ont finalement conduit à l'apaisement scolaire. Il y avait pourtant là un problème de fond, bien visible, qui était posé à la société française : son système d'éducation avait cessé d'être le grand ascenseur social qui faisait que pour chaque génération, dans chaque classe sociale, existaient un esprit et une chance de promotion. Au lieu de se demander comment restaurer la compétitivité, rendre au système scolaire son efficacité en termes de rentabilité sociale, le gouvernement de Pierre Mauroy, que n'a pas découragé François Mitterrand, a fait de l'idéologie. En période, déjà, de reflux électoral, face à une opinion de gauche qui digérait mal la « rigueur » dans laquelle il ne voulait voir, selon le mot malheureux de Louis Mermaz, qu'une « parenthèse », le maire de Lille voulut « donner du grain à moudre » aux siens, à son camp. Il mit donc en avant ce mot d'ordre, contenu d'ailleurs dans les fameuses 110 Propositions du candidat Mitterrand, d'un grand service public, unifié et laïc. Et la gauche passa à côté de la demande sociale, demande d'efficacité, de performance et de mobilité, pour faire de la politique à l'ancienne, en se servant de l'idéologie comme d'un instrument de mystification; en faisant très exactement ce que Jaurès reprochait à Combes : substituer à la réforme sociale un anticléricalisme de combat, qui, à terme, diviserait les classes populaires. La réalité lui renvoya brutalement à la face deux millions de manifestants.

Les occasions manquées sont là, dans cette distance que le pouvoir crée avec la réalité d'une société, dans cette curieuse façon de faire de la politique qui fait que celle-ci n'est plus dans l'époque, qu'elle paraît courir après le mouvement de la société, alors même qu'elle prétendait la transformer. Et celle-ci se retrouve dans le wagon de queue, au lieu d'en avoir été la locomotive.

La télévision est un autre exemple : chacun sait qu'aujourd'hui elle compte autant, sinon plus, que l'école dans la culture du pays, dans son mode de pensée et dans son comportement. Or, dans ce domaine que s'est-il passé ? Sommes-nous meilleurs que les autres parce que nous avons plusieurs chaînes privées, parce que le câble se développe, et parce que nous conservons un service public audiovisuel ? Quel indicateur rendra compte du processus de privatisation amorcé en 1985 par l'attribution, par le président de la République, d'une cinquième chaîne de télévision au groupe « ami » de MM. Seydoux et Berlusconi ? Quel chiffre rappellera que ce processus relevait purement et simplement du fait du prince ? Quelle donnée « objective » rendra compte du tremblement de terre qu'a provoqué la privatisation de TF1, qui était alors la première chaîne de service public, en tout cas la plus regardée ? Alors qu'ils discutaient, au printemps de 1992, de l'élaboration de leur futur programme électoral, les experts du Parti socialiste ont eu à connaître du paragraphe concernant l'audiovisuel. Lequel tenait en une phrase : « Nous réaffirmons notre attachement à un service public fort de l'audiovisuel. » Silence dans la salle, pas une main ne s'est levée, pas âme qui vive pour engager la discussion sur un sujet que chacun pense, en son for intérieur, essentiel ; et on passe à l'ordre du jour... Si quelqu'un avait eu le courage de caractériser la gestion socialiste en ce domaine, il lui aurait pourtant fallu parler d'une Berezina permanente, du triomphe de la télévision commerciale, au mauvais sens du terme, aux dépens des idéaux républicains. Et si un autre avait eu l'audace de faire l'inventaire des handicaps qui obèrent le fonctionnement de l'audiovisuel public, auquel les socialistes se disent si attachés, nul doute qu'il se serait fait un ennemi de Jack Lang. Diable !

Certes, la privatisation de TF1, par la droite, est la cause principale des difficultés dans lesquelles se sont trouvées les chaînes de service public. Mais déjà, lors de la création de Canal Plus, de la Cinq et de M6, on pouvait douter de l'avenir de cet instrument. C'est alors qu'il eût été nécessaire de mettre en place un plan de cinq ans, de façon à moderniser ses structures, à former son personnel, bref à le préparer à la concurrence, aujourd'hui au sein de l'Hexagone, demain en Europe. Rien de tel n'a été fait. Bien au contraire : c'est à une véritable guerre politique que l'on a assisté.

Il faut se rappeler que, à la surprise générale, le CSA, Conseil supérieur de l'audiovisuel, organe de contrôle créé officiellement pour « couper le cordon ombilical » entre le pouvoir et la télévision, avait sorti de son chapeau un certain Philippe Guilhaume, qui l'avait emporté face à deux autres prétendants, qui bénéficiaient l'un et l'autre de l'aval du président, et qui s'étaient tout bêtement neutralisés, à savoir l'avocat Georges Kiejman et l'ancien, et brillant, patron de TF1, lorsque cette chaîne était encore publique, Hervé Bourges. Eh bien, le président de la République n'a jamais pardonné au CSA cette incartade, pas plus qu'il n'a pardonné à l'heureux bénéficiaire de la charge. Et dès cette date, le président, par diverses officines interposées, dont le secrétariat d'État à la communication détenu alors par Catherine Tasca, s'est employé par mille et un détours, et mauvais détours, à déstabiliser la direction du service public audiovisuel jusqu'à ce que le président Philippe Guilhaume soit contraint de démissionner, et avec lui, le directeur général d'Antenne 2, Jean-Michel Gaillard. Ce dernier, ancien conseiller à l'Élysée, avait apporté son intelligence toujours vive, son dynamisme, et ses idées : mal lui en prit ! Il ne résista pas à l'arrivée d'Hervé Bourges, nommé en lieu et place du P-DG démissionnaire.

Quelques années auparavant, devisant avec Michèle Cotta, qu'il avait nommée à la tête de la toute nouvelle Haute Autorité de l'Audiovisuel, officiellement créée pour « couper le cordon... », François Mitterrand lui avait dit : « Je vous ai mise à ce poste pour que vous me résistiez, c'est une affaire entendue, mais jusqu'à un certain point ! » Voilà bien toute la philosophie qui a présidé à la tutelle du pouvoir sur ce secteur. Le résultat est que l'on a eu le sentiment que le Gouvernement finissait par asphyxier le service public, jusqu'à la nomination d'Hervé Bourges. Malgré cela, et malgré le savoir-faire, le professionalisme et le talent du président de ce qui est désormais « France Télévision », la dotation du service public est pratiquement inférieure de moitié à celle dont bénéficie le service public audio-visuel allemand, c'est-à-dire que les conditions de la concurrence n'existent pas vraiment. Sauf à vouloir marginaliser le secteur public, ce qui, à certains moments, paraît être l'objectif du pouvoir. La privatisation de TF1 imposait le lancement d'un plan d'urgence visant à muscler les chaînes restées publiques.

Naturellement, à ceux qui pensent qu'un service public audiovisuel de qualité peut contribuer à la cohésion d'une nation, on peut opposer le comportement des Français eux-mêmes, le déplorer, maudire ceux qui disent dans les sondages vouloir plus de culture, mais qui se précipitent en masse sur les films comiques, français de préférence, sur les variétés, qui se livrent à une concurrence à la baisse, sur les émissions au titre racoleur, et sur les fictions qui font une place de choix au sexe et à la violence. Bref, à la télévision, la qualité augmente souvent en proportion inverse de l'audience. Et l'on voit mal comment cette tendance-là pourrait s'inverser à bref délai. Il n'y a guère que Jack Lang pour s'indigner, protester, morigéner à l'occasion tout en constatant sur ce sujet sa propre impuissance, tant il est vrai que la consommation audiovisuelle n'est qu'une espèce particulière parmi d'autres types de consommation. Et l'on ne voit pas pourquoi les consommateurs de télévision changeraient brusquement leurs habitudes. Jack Lang – qui excelle dans ses autres domaines de compétence, culture et désormais éducation – devrait tout de même savoir, depuis le temps, que l'invention d'une autre télévision au sein du service public mérite une attention particulière, des encouragements spécifiques, une politique de longue haleine, avec des dirigeants assurés de la durée, avant que le succès ne vienne au bout du compte, tardivement peut-être, couronner les efforts entrepris.

Le combat pour le service public – conduit avec intelligence par son actuel président, mais pour combien de temps ? – aurait pourtant valu la peine d'être mené dès le début du premier septennat avec détermination et sang-froid, car il est au fond, aujourd'hui, le lieu du combat pour la République. « Du même mouvement qu'ils se veulent une nation libre, écrit Jean-Claude Milner, les Français se veulent une nation savante ; du même mouvement qu'ils se veulent savants et libres, ils se veulent aussi universels. » Cette définition aurait pu placer la télévision au centre d'une ambition politique.

Ainsi, encore, le phénomène Le Pen : il n'a pas été traité comme il aurait dû l'être, comme une ulcération nuisible de la société. Il ne s'agit pas ici de discuter du « bien-fondé » des thèses de Jean-Marie Le Pen, ni de la « pertinence » de ses arguments : ils sont l'un inacceptable et l'autre condamnable. Mais il faut bien mesurer ceci : dans les deux domaines constitutifs de l'identité de la gauche que sont l'antiracisme et la lutte contre l'exclusion, pour lesquels la montée de l'extrême droite exigeait que la gauche fût combative et performante, celle-ci a abdiqué ! Elle s'est contenté de l'identité minimale, purement négative, que lui offrait la présence du FN et s'en est remise, pour le combattre, à un homme d'affaires tenté par la politique, Bernard Tapie.

Le racisme, l'état des banlieues, l'immigration : tout cela constitue le terreau sur lequel s'est installé le Front national. Le reproche a été souvent adressé aux socialistes, et à François Mitterrand en particulier, de préférer l'utilisation politicienne de la croissance du Front national à un traitement de fond des problèmes qu'exploite le mouvement d'extrême droite. « La période que nous vivons ressemble assez à celle que, jeune étudiant, je pouvais percevoir en 1934 : on sent la montée d'un certain nombre de passions [...] Beaucoup d'antisémites sont tout prêts à reprendre les vieilles rengaines. Le phénomène raciste se développe à l'encontre de toutes les races autres que celles dont nous sommes censés être les représentants [...] A partir de réflexes bruts, on peut bâtir des théories qui trouvent un certain crédit; cela peut altérer l'état d'esprit d'une minorité, mais pas emporter notre peuple. » Ainsi parlait François Mitterrand au moment où il allait rétablir la proportionnelle en vue des législatives de 1986, pour ne pas avoir à quitter le pouvoir. Le prix à payer en fut l'entrée d'un groupe parlementaire FN à l'Assemblée. François Mitterrand ferait sans doute valoir aujourd'hui que le jeu, pour lui, en valait la chandelle : il triompha de la droite à l'issue de la cohabitation. Il répondrait aussi que l'on voudrait toujours que la gauche soit plus vertueuse que tous, et qu'il n'y a nulle raison pour lui de ne pas reprendre à son compte la tactique permanente de Charles de Gaulle, qui est aussi le secret de sa longévité au pouvoir. Pour perdurer, la droite gaulliste avait en effet besoin d'un Parti communiste puissant; elle déploya tous ses efforts pour maintenir ce face à face avec le PCF qu'André Malraux avait résumé dans une formule choc : « Entre les communistes et nous, il n'y a rien ». Il est vrai que de Gaulle n'avait pas inventé, mais seulement hérité de la IVe République, un PC de masse et surtout que la légitimité du PC, premier parti résistant pendant la guerre et expression politique des ouvriers d'industrie à l'apogée des Trente

Glorieuses, n'est pas celle du FN aujourd'hui. En tout cas pour un homme de gauche. Certes, François Mitterrand n'a jamais eu l'ambition de proclamer un jour qu'entre l'extrême droite et les socialistes, il n'y aurait plus rien ; mais le choix d'une stratégie électorale comportant une forte audience de l'extrême droite ne l'a pas rebuté. Cette stratégie fut même, un temps, la botte secrète du président ; elle aurait pu devenir son arme absolue si la droite était tombée dans le piège de l'alliance avec Le Pen, si elle avait pris le risque de sa propre cassure pour tenter de rallier l'appoint de voix sans lequel elle ne pouvait être majoritaire. Car dans la configuration politique française, droite et gauche tendent à s'équilibrer en termes de rapports de force : la droite ne franchit la barre des 50 % qu'avec l'appoint du Front national, la gauche ne peut approcher cette barre qu'avec l'aide du vote écologiste. Dans ces conditions, plus l'extrême droite monte, plus la droite de gouvernement s'affaiblit. Jeu politiquement dangereux, moralement condamnable : il fallut du temps au président pour s'en convaincre.

Convaincu sur le tard qu'un vote Le Pen trop fort pouvait mettre en péril l'édifice social, le pouvoir socialiste n'a pas vraiment su s'y prendre. Il a dépêché dans l'arène, face à Jean-Marie Le Pen, Bernard Tapie. Force est de reconnaître que le futur et éphémère ministre de la Ville a été l'un des rares hommes politiques à vraiment marquer des points contre Jean-Marie Le Pen, et même à le faire reculer là où l'état-major du Front national pensait établir le fief de l'extrême droite, en région Provence-Alpes-Côte d'Azur. Bernard Tapie a su, mieux que d'autres hommes politiques, tenir à Jean-Marie Le Pen le langage de Jean-Marie Le Pen ; il lui a opposé, non pas un discours général sur les grands principes, mais une contre-démarche de terrain. Car Bernard Tapie use parfois des mêmes cordes que celui qu'il combat. Mais son succès fut personnel, une sorte d'exploit sportif, nullement annonciateur d'un sursaut collectif.

Et l'un des éléments de la force de Jean-Marie Le Pen reste qu'il se tient sur un terrain que la gauche socialiste – et la droite libérale – avaient déserté : il met en avant la nation. Or, au lendemain de la guerre, ce discours-là était repris à son compte par chacune des grandes forces politiques, gaulliste, communiste, démocrate-chrétienne ou socialiste. Elles ont laissé Jean-Marie Le Pen récupérer le discours sur la nation au profit d'une filiation bien précise, celle de la contre-Révolution, de la réaction et de Vichy. Jean-Marie Le Pen se nourrit des réactions de l'opinion face à l'immigration et au mal-vivre des banlieues : il est profondément regrettable qu'il ait fallu attendre le 4 décembre 1990, soit près de dix ans après l'accession de François Mitterrand au sommet de l'État, pour, d'une part, qu'un peu d'ordre fût mis dans la machine administrative complexe qui traite des problèmes urbains, et surtout pour que le chef de l'État annonce enfin à Bron, près de Lyon, un plan de rénovation des banlieues déshéritées. Ce plan comporte la délimitation des quatre cents quartiers les plus sensibles, qui font l'objet de mesures dites de développement social. D'ici à 1995, le Gouvernement est censé y éviter les « exclusions », l'un des maux répertoriés des grandes agglomérations urbaines, et y améliorer les conditions de vie. Là encore, il serait injuste d'imputer à la gauche la paternité d'une situation qui vient de ce que la France s'est abstenue de penser la ville, qu'elle a mal maîtrisé la poussée de l'urbanisation. Mais, là encore, la gauche n'a pas mesuré à temps l'ampleur des demandes sociales, alors que ceux qui tiraient la sonnette d'alarme, comme l'architecte Roland Castro, provenaient de ses rangs...

Le parc de grands ensembles français a été presque entièrement édifié entre 1956 et 1973. Son visage est tristement typique : ce sont des successions de barres entourées de tours, ce que les urbanistes britanniques nomment, avec leur fair-play habituel, *french buildings.* Cette alternance de barres et de tours est jugée particulièrement déprimante par leurs occupants qui parlent de casernes, de cages à lapins. L'habitat est médiocre, car les villes ont été construites dans la précipitation, pour faire face aux besoins, et dans le cadre de ce qu'il est convenu d'appeler le « gaullisme immobilier », où l'avidité, la recherche du gain rapide n'étaient pas absentes. L'aménagement des périphéries a été également bâclé. On a créé des villes satellites dépourvues de tout, elles-mêmes reliées à des centres qui devaient être plus richement dotés. Mais, le plus souvent, les grands ensembles sont restés isolés de la ville, quand ils n'en ont pas été séparés par des voies ferrées, des autoroutes, des zones industrielles, etc. La ségrégation sociale a rassemblé des gens en un même lieu sur des critères essentiellement négatifs : hier la pauvreté, aujourd'hui le chômage, hier et aujourd'hui l'immigration, c'est-à-dire la couleur de la peau en même temps qu'un faible niveau de vie. Les grands ensembles sont le plus souvent à la périphérie des villes, mal reliés à celles-ci, composés en grande partie de logements sociaux, éloignés des zones d'emploi, et sous-équipés [1].

Est-ce parce que François Mitterrand est d'abord un élu rural, l'homme du canton de Montsauche, celui qui a présidé pendant trente ans aux destinées d'un département, la Nièvre, qu'il a su garder immobile, sans doute pour en préserver les équilibres

---

1. Selon les termes de Nicole Haumont, auteur d'un article intitulé « La réhabilitation des grands ensembles » dans l'*Encyclopædia Universalis.*

sociopolitiques? Toujours est-il qu'aucun gouvernement de gauche (hormis celui de Michel Rocard, qui a attaqué le problème spécifique de l'Ile-de-France et du poids que cette région fait peser sur le développement du pays) n'a traité de front et au fond le problème de la ville. Et comme pour l'antiracisme, que croyez-vous qu'il arriva? Quand la bise fut venue, on s'en remit à Bernard Tapie, promu l'espace de quelques semaines ministre de la Ville. Il est peut-être cruel – et en tout cas significatif – de constater que la gauche, pour faire face à une situation à l'américaine (problèmes d'insécurité, de racisme et de mal-vivre, qui caractérisent les ghettos urbains), a voulu lui apporter une réponse à l'américaine, en la personne de Bernard Tapie, archétype de l'homme politique comme il en existe plus souvent aux États-Unis, c'est-à-dire ayant une solide expérience des affaires et manifestant principalement des qualités de vendeur, de batteleur, plus que celles qui sont requises d'un ingénieur social.

La classe ouvrière traditionnelle américaine, elle, s'est trouvée déstabilisée, désorientée, dès les années 70 : de puissants phénomènes de décomposition sociale y sont apparus, avec la perte des emplois industriels traditionnels (le Steel Belt autour de Chicago – « ceinture d'acier » – est devenu le Rust Belt – « ceinture de rouille » – dans le langage des journalistes) bientôt importés en France, avec ces dérives que l'on nomme « galère », avec des bandes, des territoires des affrontements. Les thèmes de classe sociale sont absents de ces combats de rue; s'y substituent des thèmes ethniques. Les jeunes en révolte des banlieues ne s'identifient pas à des groupes sociaux selon des clivages riches/pauvres, exploiteurs/exploités, ou patrons/salariés; leur seule identité est ethnique et territoriale; ils procèdent par exclusion : « Je suis black parce que je ne suis pas blanc; je suis beur parce que je ne suis pas considéré comme français. » Il est vrai que si la France a frôlé la catastrophe à plusieurs reprises, elle a su l'éviter ponctuellement par un certain nombre de plans d'urgence, notamment « anti-été chaud », et peut-être, au-delà, par l'idéologie républicaine, dont un mouvement comme SOS Racisme a finalement épousé la logique profonde d'intégration et d'assimilation. Mais la dérive des banlieues, sous le règne de la gauche, est quand même celle des ghettos américains.

C'est sans doute l'un des reproches que l'on peut faire à cette période, et notamment aux années Rocard, de ne pas avoir été des années d'élan puissant, de modernisation, et de gestion de ce type de problèmes. Le rêve des modernes s'était longtemps incarné dans Michel Rocard. Et voilà que celui-ci, aux affaires pendant trois ans, s'en tient à un bilan limité – la Nouvelle-Calédonie, le revenu minimum et la contribution sociale généralisée –, bilan que certains jugent insuffisant pour le qualifier à la prochaine élection présidentielle. Mais d'où vient que l'épisode Rocard soit lui aussi à ranger au chapitre des occasions manquées ?

Le principal grief adressé au premier Premier ministre du deuxième septennat est d'avoir surtout cherché à se protéger, d'avoir gouverné l'œil rivé sur les sondages de popularité, qui ont en effet été fort bons pendant toute sa période (hormis les quelques jours qui ont précédé son départ forcé), et d'avoir appliqué au champ politique, qui devait être pour lui un terrain d'expérimentation sociale, une gestion qui ressemblait davantage à celle du bon président Queuille de la IVe République, pour paraphraser le mot célèbre et assassin d'Alain Minc. Ainsi Michel Rocard aurait été trop économe dans la prise de risque politique : en effet, hormis le vote de la CSG, il n'a pas souvent bousculé la droite et les communistes, qui constituaient son opposition. Il lui a donc été reproché de ne rien réformer, au fond de se laisser bercer par la torpeur née des succès électoraux de l'année 1988, d'incarner non pas la force mais la gestion tranquille, ce que Jack Lang a appelé une « gauche pépère » (quitte à s'inspirer largement de ces maximes depuis qu'il dirige l'Éducation nationale), où chacun s'est contenté de gérer l'essentiel et de colmater les brèches au fur et à mesure que celles-ci apparaissaient (ici un conflit avec les infirmières, là un conflit avec les lycéens). On a enfin inscrit au passif de Michel Rocard une méthode de gouvernement toute en discrétion et en dosage de la parole gouvernementale, discrétion qui l'avait conduit lui-même à concéder qu'elle avait alimenté « une impression d'immobilisme ».

En fait, on oublie un peu vite que Michel Rocard avait d'abord une règle du jeu à respecter, fixée par les conditions de la réélection de François Mitterrand, dont le maître mot était la modération politique et économique. La Bible du nouveau septennat, à savoir la *Lettre à tous les Français*, n'envisageait aucune réforme spectaculaire. Le contexte, celui d'une reprise partielle de la croissance dans les pays occidentaux, provoqua un changement d'état d'esprit : la passivité des salariés en fut atténuée, convaincus qu'ils étaient de pouvoir, à la faveur de cette reprise, tirer les bénéfices d'une longue période d'efforts. Cette modification déboucha très vite sur un véritable enchaînement de conflits sociaux, qui fit craindre l'embrasement général du secteur public et la contagion au secteur privé. Michel Rocard appliqua à ces conflits une méthode privilégiant le dialogue et le long terme, répondant peu ou pas aux revendications quantitatives, mais profitant de l'occasion pour aborder la réforme qualitative du fonctionnement des services de l'État sans renoncer à la rigueur mais en concédant un desserrement parfois important de la contrainte salariale (comme pour les enseignants), quoique échelonné dans le temps. Tout cela n'était pas si mal et, en termes d'efficacité politique, sans être Austerlitz, ce n'était pas davantage la promesse d'une prochaine Berezina.

On minimise aussi la difficulté des réformes, le peu d'appétit des Français pour elles, et l'importance de celles qui furent mises en œuvre. Ainsi de la CSG, qui comportait un réel risque politique, puisqu'elle avait provoqué une conjonction entre la droite, les communistes et FO : c'était une véritable réforme, susceptible d'amorcer un processus long touchant au financement de la protection sociale, qui est en France un immense problème. Elle annonçait d'autres étapes qui pouvaient être le moyen d'une véritable refonte de la fiscalité, réforme de gauche s'il en est, puisqu'elle avantage par son dispositif les deux tiers des salariés et pénalise les revenus au-dessus de 15 000 francs. L'adoption de ce texte, qui répondait à tous les critères de la « bonne réforme », c'est-à-dire politiquement courageuse, économiquement et socialement utile au pays, provoqua la première vraie coupure entre Michel Rocard et l'opinion. Comme si aujourd'hui tout un chacun voulait avant tout préserver son propre statu quo, ses droits acquis.

Mais l'impression d'immobilisme fut la plus forte, sans doute parce que le gouvernement Rocard ne fit guère usage de la marge de manœuvre économique dont il disposait, notamment dans le domaine de la lutte contre les inégalités. Cette discrétion s'expliquait sans doute par l'idée selon laquelle le changement, la transformation de la société sont porteurs de bouleversements économiques qu'il convient d'éviter pour ne pas retomber dans l'expérience coûteuse de

1981. Elle vient aussi et surtout du fait que, au sein du courant socialiste, Michel Rocard est celui qui fait le plus confiance à la dynamique spontanée de la société dite civile. Après un quart de siècle de gaullisme, cette société civile était devenue incontestablement plus progressiste, « plus à gauche » que l'État, et ses détenteurs. Mais après dix ans de mitterrandisme, cette société civile est manifestement devenue plus conservatrice, comme en témoigne sa très grande réticence, voire son hostilité face au discours sur l'intégration des immigrés, ou bien la création de la CSG. Le problème du rocardisme est donc que, à trop faire confiance à la « main invisible » de la société civile, il court le risque de glisser durablement vers le conservatisme.

Ce procès sur les inégalités mérite toutefois d'être nuancé. En 1989, un rapport du CERC (Centre d'étude des revenus et des coûts) avait fait apparaître ce qu'il appelait « la rupture des années 80 », à savoir que depuis 1984 les inégalités avaient recommencé à se creuser en France, après un tassement ininterrompu de près de deux décennies. Or, ce même CERC, dans son rapport de 1992, faisant le bilan des années Rocard, montrait au contraire que celles-ci avaient été marquées par une répartition de la croissance plus favorable aux salariés qu'aux détenteurs de capital. En cumulant, en effet, les résultats des trois années de la gestion Rocard, le CERC a cette fois établi que le surplus de croissance a été réparti dans la proportion de deux tiers pour le travail et d'un tiers pour le capital, évolution particulièrement marquée pour l'année 1990, qui restera probablement dans l'histoire économique française comme l'une des meilleures, toutes catégories confondues. Loin d'accroître les inégalités sociales, les années Rocard auraient donc permis un rééquilibrage global dans la distribution des fruits de la croissance. Au début de son gouvernement, d'ailleurs, Michel Rocard avait lancé l'idée des trois tiers pour répartir plus équitablement la croissance : un tiers du surplus devant être affecté à l'emploi, un tiers aux salaires et un tiers à l'investissement. L'évolution des revenus au cours des trois années de sa gestion indique que, au moins dans ce domaine, il a gagné son pari, statistiquement parlant. Humainement parlant, en revanche, il est inadmissible que ces années-là aient été celles des Restau du Cœur et du retour de l'abbé Pierre !

En tout cas l'interrogation sur l'homme subsiste. De ce point de vue, la déception qu'il a suscitée est certainement imputable à l'usure inévitable de toute fonction gouvernementale, à laquelle il a d'ailleurs mieux résisté que d'autres. C'est François Mitterrand lui-même qui professe qu'aucun gouvernement ne peut rester indemne au-delà de deux ans de fonction. Pour répondre à cette interrogation, Michel Rocard invoque la particularité de la situation institutionnelle qui, il est vrai, n'était pas pour lui une sinécure. Il y a, dans la vie politique française, deux hommes que François Mitterrand ne supporte pas, et à qui il s'est probablement juré d'interdire l'accès à la plus haute fonction de l'État. Ces deux hommes sont Jacques Chirac, ce qui peut paraître compréhensible, compte tenu que ce dernier est le leader naturel de la droite, et Michel Rocard, ce qui l'est moins, car celui-ci, à la différence de François Mitterrand, est en règle avec la gauche. Dès les premiers jours de la nomination de Michel Rocard à l'hôtel Matignon, François Mitterrand fit savoir à quelques-uns de ses plus proches amis qu'il l'avait placé là pour, précisément, « lever l'hypothèque Rocard », comme on disait sous la IVᵉ République. Ce point de départ est en lui-même une occasion manquée : celle d'une gestion rocardienne délivrée du poids de la suspicion permanente de l'Élysée. Michel Rocard s'est incontestablement trouvé dans la situation d'un funambule qui aurait à traverser la distance séparant la tour Eiffel du palais de Chaillot, et à qui son manager aurait mis cinquante kilos sur le dos. Voyant qu'à mi-course il était toujours sur le fil, François Mitterrand lui a alors infligé cinquante kilos supplémentaires, pour le contraindre, finalement, à l'abandon, dans des conditions qui n'honorent pas l'organisateur de l'épreuve.

Toute la question est donc de savoir si Michel Rocard a été réellement paralysé par ce jeu institutionnel ou, à tout le moins, sérieusement gêné aux entournures, s'il a dû ruser au point de ne pas pouvoir donner toute sa mesure, s'il en a « gardé sous la pédale », comme on dit, ou bien si la réalité de Michel Rocard s'est révélée dans l'exercice du pouvoir : son destin présidentiel pourrait alors devenir problématique.

A l'appui de la première thèse, celle des difficultés et de la perversité du jeu présidentiel, il y a cette autre occasion manquée, politiquement la plus grave, que fut le rejet, par le chef de l'État, d'un contrat de majorité en bonne et due forme, concrétisant sa réélection de 1988. A peine nommé Premier ministre, Michel Rocard fut à deux doigts de précipiter la cassure de l'UDF. Alors qu'il allait toucher au but, c'est-à-dire conclure un accord politique avec une partie de la formation de Valéry Giscard d'Estaing, alors que le courant passait bien avec Pierre Méhaignerie, le chef de file des centristes (ils se réunissaient au domicile de Michel Albert, aujourd'hui président d'un groupe d'assurances, qui a toujours su inspirer Jean-Jacques Servan-Schreiber depuis et le, « manifeste radical » la doctrine du centre et du centre-gauche), François Mitterrand refusa l'accord politique. Pour ne pas laisser à

Michel Rocard le bénéfice, qui eût alors pesé d'un poids considérable, de la constitution de la nouvelle majorité parlementaire; pour se réserver, comme à l'accoutumée, des allégeances personnelles. François Mitterrand a toujours privilégié les ralliements individuels à sa personne, avec cette phrase définitive, qui manifesta *ex post*, puisqu'elle date de 1991, le mépris qu'il peut avoir en pareille circonstance : « On trouve toujours ! » On trouva donc Jean-Pierre Soisson et Michel Durafour, en lieu et place d'un accord en bonne et due forme avec Simone Veil et Pierre Méhaignerie, quitte à licencier la plupart de ces figurants de l'ouverture avec la dernière brutalité en mai 1991. Avec pour résultat prévisible que les centristes sont revenus à droite et que Brice Lalonde, que l'Élysée avait aidé dans le but de casser l'influence des Verts, se nourrit goulûment des débris de l'électorat socialiste, en incarnant seul une certaine deuxième gauche externe au PS. Quant aux ministres ralliés de France unie, ce ne fut qu'addition de destins personnels.

Cette tactique de débauchage s'est largement retournée contre son promoteur. Sous la Ve République, un principe non écrit veut que les alliances se nouent au plus tard avant le second tour de l'élection présidentielle. Les socialistes paient aujourd'hui, et leur mentor avec eux, d'avoir trop longtemps refusé d'aborder clairement la question des alliances, vivant avec le fantôme de l'ancienne, et l'illusion de la nouvelle.

A lui seul, cet épisode permet de réévaluer à leur juste mesure les appréciations qui ont généralement cours sur l'infaillibilité politique du président. Mais il n'est rien au regard de ce qui restera comme un morceau d'anthologie, comme un cas d'école digne d'être enseigné aux cadres des partis, tant il symbolise l'erreur politique : le limogeage de Michel Rocard et son remplacement par Édith Cresson.

Sur elle se sont concentrées des critiques qui auraient dû être adressées à François Mitterrand : après la période de lévitation due à la guerre du Golfe (la popularité du président, comme celle de George Bush, atteignit alors des sommets, au point que certains conseillers le pressaient de se saisir de cet avantage pour dissoudre l'Assemblée et provoquer de nouvelles élections), il crut sans doute qu'il pouvait tout se permettre, et d'abord changer de Premier ministre sans autre raison que son confort personnel ou son caprice. Le prétexte invoqué fut la nécessité de préparer la France au 1er janvier 1993, c'est-à-dire à l'entrée en vigueur du grand marché européen, consécutif à la signature de l'Acte unique. Mais chacun vit bien qu'en la circonstance, la subjectivité présidentielle avait pris le pas sur la rationalité qu'on lui prête d'ordinaire. En fait, il ne voulait pas devoir à Rocard une victoire législative en 1993 qui l'aurait placé dans la même position de débiteur, sans marge de manœuvre, de de Gaulle face à Pompidou.

Aujourd'hui encore, François Mitterrand feint de croire qu'il a eu raison, que Mme Cresson était un parfait Premier ministre, et qu'elle est tombée sous les coups d'une presse malveillante. La réalité est plus simple : Édith Cresson, fort bien accueillie par la plus grande partie de la presse, devint en un temps record le Premier ministre le plus impopulaire de la Ve République pour avoir, comme l'ont brillamment analysé Olivier Duhamel et Jérôme Jaffré, choisi une ligne politique archaïque (regret, purement verbal au demeurant, de l'union de la gauche et souhait de voir le Parti communiste rejoindre la majorité), manifesté une confiance excessive, exprimé un populisme déplacé (les « charters » pour immigrés clandestins), et imprudemment suscité des attentes (en laissant croire qu'elle ferait une politique plus « sociale » que

Michel Rocard, dont elle avait, faute politique grave, dénoncé les méfaits en arrivant). Bref, elle n'avait tout simplement pas les capacités pour exercer une fonction qui, sous la Ve, n'est pas n'importe laquelle. Elle fut surtout l'instrument malheureux d'un président qui, par son intermédiaire, voulut jouer le peuple contre les élites. Il est vrai que de troublantes correspondances ont toujours existé entre Édith Cresson et le RPR, dont témoigne la sympathie active de Jacques Chirac à son égard. Édith Cresson est en fait une vraie militante ; simplement, elle eût été plus à l'aise au RPR et au patronat, s'il n'y avait eu une allégeance personnelle à François Mitterrand. Mais la situation économique et des orientations fondamentales inchangées ne lui permirent pas de retrouver ce peuple, qui continua de se dérober, tandis que les élites commmencèrent à se détourner...

Mais, au total, la principale des occasions manquées reste l'arrière-goût amer que laisse cette période de pouvoir exceptionnelle par sa durée. La gauche ne s'est pas modernisée comme elle avait rêvé de le faire. Elle ne l'a fait que dans la souffrance, dans la nostalgie, dans le regret de ses mythes fondateurs, bref elle s'est modernisée contre elle-même. Ce processus a produit non pas une gauche fière du travail accompli et sûre d'elle-même, tournée vers l'avenir, apte à appréhender des problèmes de la société française et à y apporter les réponses sinon novatrices du moins efficaces, mais une gauche ayant mauvaise conscience, repliée sur quelques-unes de ses chimères et nostalgique d'une période dorée, qui est pourtant désormais hors du temps.

Chapitre 6

LE TEMPS DES PURGES

Il n'est pas d'exemple, dans l'histoire, de courant idéologique puissant qui ait pris naissance quelque part en Europe et qui n'ait pas atteint peu à peu chacune des parties du Vieux Continent. Aujourd'hui renaissent les nationalismes ; et avec eux, sur fond de vertige identitaire, le spectre et la réalité de la guerre, puisque celle-ci se développe non seulement en Yougoslavie mais, avec une intensité plus réduite, dans plusieurs régions de l'ex-Union soviétique où des conflits déclenchés au nom du rêve fou de pays « ethniquement purs » redessinent les frontières. Revendication scandaleuse, de sinistre mémoire, qui plus est absurde (car « il n'y a pas plus d'une douzaine d'États ethniquement homogènes, parmi les quelque cent soixante-dix États de la planète, et probablement aucun qui englobe la totalité de la nation dont il se réclame », écrit l'historien Eric Hobsbawm), et pourtant terriblement réelle.

Le vertige identitaire, qui conduit ici à la guerre, peut donner naissance, là, à une tentation autoritaire. Celle-ci menace l'Europe de l'Est, peut-être moins sous la forme généralement attendue d'une renaissance du fascisme, que sous les traits d'une sorte de péronisme à l'échelle de l'ancien empire soviétique (dont le leader serbe Milosevic semble l'incarnation la plus sinistre et la plus achevée), voire en Russie même. Décidément, l'histoire pour laquelle François Mitterrand se sentait taillé, qu'il avait tant aspiré à affronter, l'a bel et bien rattrapé. Peut-être la connaît-il trop bien, au point de paraître faire la part trop belle au passé, de se réfugier trop vite dans la fatalité. En tout cas, il est temps, pour le pays, de prendre conscience que nous sommes entrés dans une phase nouvelle, véritablement révolutionnaire, tant il nous faut réviser nos valeurs, nos modes de pensées, nos repères. La difficulté est évidemment d'appréhender la dynamique qui rend ce mouvement irrésistible, et dont l'imprévisibilité complique singulièrement l'art de gouverner. Encore faut-il garder à l'esprit que l'histoire s'est accélérée au point que les commentaires que l'on peut faire à telle période donnée paraissaient dépassés quelques jours, quand ce n'était pas quelques heures plus tard, tant les événements étaient imprévus.

L'unification de l'Allemagne et la désintégration de l'Union soviétique ont créé une situation qui rend la solution des problèmes posés à la Communauté européenne à la fois plus urgente et plus difficile. La coïncidence dans le temps du sommet de Minsk, qui a marqué la fin de l'Union soviétique et les débuts de l'éphémère CEI (Communauté des États internationaux), et de celui de Maastricht, à la fin de l'année 1991, qui marque le début de l'Union européenne, devrait nous inciter à voir l'avenir plus positivement que cela n'est généralement admis. 1917 avait sonné le glas de l'Europe. 1992, avec la signature, puis la ratification du traité de Maastricht, peut marquer un élan décisif pour la construction européenne et l'unité du Vieux Continent.

Mais personne ne saurait se satisfaire d'une telle pétition de principe. Même si la ratification par la

France du traité de Maastricht est de nature à éviter que l'Europe ne se disloque, les grandes questions restent posées. L'héritage de la Révolution française sera-t-il jeté aux oubliettes? Le *volk* allemand sera-t-il à jamais enseveli sous les fondations de la nouvelle Europe? Des siècles d'insularité et de splendide isolement britanniques seront-ils pour autant reniés? Bref, le vertige existentiel touche tout le monde et concerne à sa manière chacun des douze pays de la Communauté. Bien entendu, chaque pays recourt à sa propre culture, à son histoire, pour affronter l'émergence de ce que de Gaulle avait appelé le « machin européen ». « Être français, c'est quoi? », interrogeait *L'Express;* question à laquelle un autre hebdomadaire, britannique celui-là, *The Economist*, répondait par une autre question : « *Will Europ be the death of France ?* » (« L'Europe sera-t-elle la mort de la France? »)

Pour la France qui non seulement veut éviter de mourir, mais doit trouver dans l'Europe une nouvelle chance, deux problèmes viennent à l'esprit. L'un naît de la nécessité de l'intégration dans l'espace européen; l'autre est celui de l'intégration des immigrés et le risque de rejet que le nombre de ces immigrés entraîne. Toute la difficulté réside précisément dans cette double intégration : au moment où s'élargit l'horizon européen, il faut qu'un nombre important d'immigrés trouvent leur place dans la nation. La première nécessité, celle de l'Europe, conduit à tenir un discours internationaliste, tourné vers les enjeux extérieurs. La seconde, au contraire, conduit à privilégier un discours national, car qui dit mécanisme d'intégration, dit mécanisme d'intégration à une nation. Comment soutenir en même temps que cette réalité nationale, qu'il s'agit de valoriser aux fins d'intégration, est dépassée par le cadre dans lequel elle s'insère désormais? La question qui est posée à tout pouvoir, et que la ratification du traité de Maastricht n'a pas fait avancer, est de savoir comment tenir les deux bouts de cette chaîne, le bout identitaire et le bout international. Cas de figure complexe, s'il en est, à certains égards analogue à celui d'avant 1914, où déjà se superposaient une internationalisation accélérée de l'économie et des cultures, et une poussée nationaliste des masses.

Aujourd'hui cette poussée nationaliste peut dégénérer en xénophobie sous la pression de la question de l'immigration. Dans l'idéal, il faut maintenir le cap sur la nation pour réussir l'intégration et un cap sur l'intégration pour réussir le projet européen. Mais ce chemin est encore plus compliqué qu'il n'y paraît : d'une part il est difficile aujourd'hui de tenir un discours identitaire qui n'ait pas déjà été développé par l'extrême droite – non seulement le risque de dérive idéologique existe mais surtout celui de rendre plus crédible la thématique « ethnique » du Front national ; d'autre part, s'agissant du cadre européen, même si l'on sait ce que Maastricht signifie, c'est-à-dire principalement une monnaie unique, un rééquilibrage entre le Parlement européen, le Conseil des ministres et la Commission de Bruxelles, et une ébauche de diplomatie et de défense communes, il est impossible de dire avec certitude ce qu'est l'Europe, ni ce qu'elle sera, compte tenu du nombre des candidats qui frappent à sa porte.

Le problème est donc bien celui de la suprématie de la nation. Il existe deux façons de le résoudre. On peut poser que l'Europe n'existe pas, et qu'il n'existe et n'existera que des nations européennes. Elles constituent un phénomène irréductible. Le XXe siècle et ses catastrophes en chaîne sont là pour en témoigner. A l'inverse, on peut prétendre que l'Europe est potentiellement une nation. Dans ces conditions, la France, l'Allemagne, l'Espagne, le Portugal, la

Grande-Bretagne, pour ne citer que les nations les plus anciennes, ne sont que des survivances. Elles sont condamnées, parce qu'après tout le phénomène national, récent sur la longue durée de l'histoire européenne, est par conséquent transitoire : selon ce schéma, la réalité permanente demeure l'Europe, qui serait donc une nation en voie de constitution. D'ailleurs, le monde moderne ne reconnaît comme puissance que les États-Unis, la Chine, le Japon, demain à nouveau un ensemble formé autour de la Russie, l'Europe lorsque celle-ci voudra bien se donner le peine d'exister par ses propres moyens, et à terme sans doute l'Inde et le Brésil.

Ni l'une ni l'autre de ces démarches ne sont satisfaisantes; à moins de considérer que non seulement la France, mais aussi l'Angleterre ou l'Allemagne sont devenues à ce point insignifiantes qu'elles n'ont d'autre destin que d'être absorbées par le conglomérat européen. L'Europe n'est pas achevée, pas plus que nous ne sommes au bout de nos peines identitaires. La bonne attitude est celle de Jean-Claude Casanova, directeur de la revue *Commentaire* et proche de Raymond Barre, pour qui il faut continuer de « rechercher pourquoi l'union de l'Europe reste nécessaire » et « trouver les moyens de réaliser cette confédération ». De quelque façon qu'on la dénomme, il faut en effet avoir à l'esprit que l'on plaque une étiquette, ici fédérale, là confédérale, sur une entité neuve; il s'agit par définition d'une construction pragmatique, qui ne correspond à aucune des figures du passé. Figures qui, au demeurant, sont toutes datées, qu'il s'agisse des cités-États, puis plus tard des États-nations, enfin des empires, trois formes d'organisation qui ont connu leur apogée, puis périclité, trois formes d'organisation qui ne recouvrent aucunement la réalité de ce qui est en gestation à travers la mise en commun par douze nations de leur patrimoine et de leur destin.

L'obstacle de la souveraineté qui est le plus souvent mis en avant – le partage de souveraineté étant censé mettre en cause l'identité d'un pays – est plus important que les querelles de noms. Tous les pays d'Europe sont entrés, depuis de longues années, dans une phase de cosouveraineté; non pas d'abandon, ni même de partage, mais d'édification d'une zone de cosouveraineté. Le principe même d'une monnaie unique aujourd'hui, et celui d'un taux de change fixe hier, qui président à l'édification et au développement du système monétaire européen, et demain la coordination des politiques financière et monétaire, puis inévitablement budgétaire et fiscale, marquent un changement, une étape, voire une rupture. Il serait hypocrite de camoufler ce changement. Là encore, il n'existe plus, depuis de longues années, de régulation macro-économique nationale. Celle-ci se fait tant bien que mal au sein de différentes instances internationales, à commencer par le G7, c'est-à-dire la réunion des chefs des sept pays les plus industrialisés. L'affirmation d'une identité européenne peut être, doit être une première réponse au vertige identitaire. Non seulement parce que l'Europe est la superpuissance en gestation du XXIe siècle mais surtout parce qu'elle est extra-ordinairement séduisante (même les Suisses veulent en faire partie, tandis que la Grande-Bretagne paie cher d'avoir, avec les Conservateurs, et avant eux les Travaillistes, freiné son intégration européenne). L'Europe est le cadre d'un mode de vie, d'un type de civilisation qui peut lui donner une cohésion forte. A ceux qui, comme Paul Thibaud, l'ancien directeur de la revue *Esprit*, ne voient dans l'Europe qu'une fuite en avant face à la crise française, à ceux qui disent, par exemple, que les pays du Benelux n'existent déjà plus (pour des raisons qui, s'agissant de la Belgique, n'ont sans doute rien à voir avec la

CEE et beaucoup avec la guerre), à ceux qui, au Danemark, ont convaincu leurs concitoyens que leur pays s'arrêterait en 1992 si d'aventure ils ratifiaient le traité de Maastricht, à ceux qui, en Grande-Bretagne, considèrent qu'ils détiennent le seul Parlement au monde réellement capable de garantir la démocratie, eh bien à tous ceux-là il faut répondre que ce qu'ils craignent de perdre, c'est précisément le niveau de civilisation que l'Europe peut leur garantir. Nos garanties, notre système de protection sociale, fondamentalement différents de ceux qu'acceptent ou connaissent les États-Unis ou le Japon, ont pour matrice commune les structures de l'État-providence tel qu'il est né dans les social-démocraties de l'Europe du Nord, et tel qu'il s'est diffusé dans l'Europe occidentale au point d'en devenir le véritable ciment.

Conjurer le vertige identitaire, c'est aussi résister à l'engrenage de la purge. Hélas, ce temps-là est déjà largement le nôtre. L'aspiration à une pratique « écologique » de la politique, à la propreté, avec pour corollaire que l'on a le sentiment de vivre dans un pays « sale », est une donnée majeure de la vie politique. Cette « saleté » est parfaitement hétéroclite : il y a trop d'immigrés, les politiques s'en mettent plein les poches, l'Europe salit l'identité française, j'en passe et des meilleures, comme disait Victor Hugo. Ce sentiment de souillure se décline sous une cinquantaine d'espèces possibles et donne lieu à toutes sortes de coalitions disparates. Cette aspiration touche, en outre, tous les électorats. S'il n'y avait la tragique et détestable affaire du sang contaminé par le virus du sida dont ont été victimes plus d'un millier d'hémophiles, on aimerait dire que la France veut, comme on le disait au temps de Molière, un clystère. On retrouve, comme souvent dans notre histoire, des pulsions ordonnées en réaction à l'idée générale du déclin du pays. Cette fois on dénonce une France vautrée dans le métissage culturel, s'abandonnant aux dissolvants européens, larguant ses valeurs morales traditionnelles. Dans tout ce méli-mélo, il y a l'idée que la France a beaucoup péché, et qu'ayant péché, elle doit rechercher la rédemption et expier. Discours d'inspiration profondément pétainiste, puisque tel était le fondement même de la « Révolution nationale » conduite par le Maréchal.

Ce contexte dépasse de loin le strict cadre des affaires politico-financières, principalement liées au financement des partis et des campagnes électorales, avec en première ligne le parti que la centralisation de son système de financement a piégé, à savoir le Parti socialiste. Il ne s'agit naturellement pas d'exonérer cette formation de ses responsabilités : celles-ci sont grandes. Il n'empêche : ces difficultés financières et judiciaires se développent dans un climat plus général qui est bel et bien celui de la recherche de victimes expiatoires. Celles-ci sont traditionnellement recherchées chez les marginaux, ou parmi les élites. Les marginaux ont, à travers la situation qui est faite aux immigrés et la thématique du Front national, largement leur compte. Les élites, réputées dominatrices, et qui le sont en effet, ainsi que volontiers reproductrices de leur propre privilèges au point que le peuple ne se sent plus représenté par elles, doivent savoir qu'elles sont la cible désignée de ce vent de purge.

Le média audiovisuel, par définition celui du narcissisme (et plus encore celui du narcissisme national, les Français adorant se voir eux-mêmes à travers les « reality shows »), joue le rôle de la place de Grève : les studios de la télévision sont le lieu moderne de l'expiation. Dans le domaine politique, celle-ci se traduit au minimum, et au mieux, par une impatience à l'égard de l'alternance, donnant à celle-ci une perspective puissante. En d'autres temps, il est vrai, de tels mouvements se sont déjà exprimés dans des slogans tels que « Sortez les sortants » (1956) ou « Dix ans, ça suffit » (1968). Aujourd'hui, les socialistes sont les sortants et ils ont plus de dix ans de présence aux affaires; ils courent donc le risque d'être chassés avec pertes et fracas.

Les journalistes (qui ne détestent pas se comporter en justiciers) et les juges eux-mêmes ne sont que des instruments de cette aspiration collective à la « propreté ». Les juges plus que les journalistes, sans doute parce qu'ils ont été sacrifiés, maltraités, sous-rémunérés et surtout parce qu'ils sont eux-mêmes le produit de déceptions politiques : nombre d'entre eux viennent des rangs de la gauche, voire de l'extrême gauche, et ont professé dans les années 70 et 80, c'est-à-dire celles de l'ascension de la gauche et du Parti socialiste, que l'on pouvait être juge et citoyen. Certains sont donc devenus juges et militants : le célèbre juge Jean-Pierre, qui instruit notamment l'affaire des fausses factures de la Sarthe et qui poursuit de ses assiduités obstinées un certain nombre d'élus socialistes, milite ouvertement dans les cercles formés par le député UDF Philippe de Villiers, lequel – coïncidence – a fait de la propreté son cheval de bataille. Ironie de l'histoire : quelques années plus tôt, c'est le PS qui jouait les gardiens de la vertu politique en approuvant tacitement lorsque le syndicat de la magistrature poursuivait des patrons.

La marque de cette dérive de quelques-uns apparaît lorsque l'on s'aperçoit que, plutôt que de rechercher s'il subsiste des pratiques condamnables ultérieures à la loi réglementant le financement des partis et des campagnes électorales, certains magistrats se préoccupent toujours d'illégalités ou de pratiques frauduleuses commises avant l'intervention d'une loi d'amnistie d'une part et avant la loi de 1990 réglementant l'ensemble du système d'autre part. Ils se comportent comme s'ils poursuivaient des femmes ayant avorté avant le vote de la loi Veil, cherchant à condamner des pratiques antérieures à cette loi. En fait les arrière-pensées sont politiques, ici comme ailleurs : il s'agit de remonter à la source, ou plutôt au sommet. Après avoir inculpé Henri Emmanuelli en sa qualité de trésorier du PS (lequel, soit dit en passant, ne manque pas de courage car il endosse une responsabilité collective), pourquoi s'arrêter en chemin ? Pourquoi pas André Laignel et Pierre Joxe, prédécesseurs d'Henri Emmanuelli, avant la mise en cause d'Henri Nallet, en sa qualité de trésorier de la campagne de François Mitterrand lors de l'élection présidentielle de 1988, et naturellement par ce biais le président de la République lui-même ? Ajoutons-y le goût de l'aventure individuelle, la médiatisation de l'action du juge comme antidote de la frustration qu'engendre un statut social véritablement apprauvi, et l'on dispose d'un cocktail explosif, qui sera servi au peuple jusqu'aux échéances électorales...

L'État, cependant, est coupable. Coupable, par exemple, de trouver assez facilement 7 milliards de francs pour sauver l'industrie informatique française, laquelle a déjà englouti plusieurs milliards, et d'avoir toutes les peines du monde à dégager 500 millions pour améliorer le statut et le sort des magistrats. Il y a là deux poids, deux mesures qui laissent perplexes quant à la compréhension par l'État de ses propres missions. Cette sorte d'hypertrophie industrielle et cette incapacité à se mettre à la hauteur des fonctions régaliennes ajoutent aux dangers de la situation. Rien n'est plus précieux, dans une démocratie, que la magistrature, car rien n'est plus précieux, dans une démocratie, que l'égalité devant la loi et la place de la justice dans l'édifice social.

Le gouvernement socialiste, lui, est encore plus coupable, car il n'a jamais agi que sous la pression des juges, de la presse, de l'opinion, quand sa propre rhétorique lui commandait d'aller à l'essentiel : d'abord en supprimant les privilèges de juridiction et toutes les règles dérogatoires dont bénéficient les politiques, en faisant que ces derniers soient responsables devant les tribunaux ordinaires et cessent d'être couverts par une immunité parlementaire désuète. Ensuite en constituant un ministère public rattaché au parquet de la Cour de cassation, pleinement indépendante du gouvernement, pour que cesse la suspicion légitime qu'éveille l'autorité du garde des Sceaux sur le parquet et que disparaisse la tentation de diligenter des poursuites au gré des affinités de tel ou tel gouvernement. Cela n'exclut nullement de porter remède aux méfaits de notre procédure pénale : le fait que deux hommes politiquement aussi éloignés que Robert Badinter et Albin Chalandon, l'un faisant figure à gauche d'autorité morale, l'autre incarnant parfaitement l'imbrication entre le sommet de l'État et le monde des affaires, aient tiré de leur passage au ministère de la Justice les mêmes conclusions quant aux pouvoirs des juges d'instruction, en dit long sur ce que la démocratie aurait à gagner en passant d'une procédure inquisitoire à une procédure accusatoire. Dans nos textes actuels, un juge d'instruction instruit « à charge et à décharge »; dans la réalité, il cherche le plus souvent à « coincer » l'inculpé en pratiquant au besoin un chantage à la détention. Cette pratique a conduit M. Badinter comme M. Chalandon à proposer que l'instruction soit confiée à un collège de juges et non plus à un seul homme. A condition, bien entendu, de ne pas masquer par une telle réforme la puissance d'un système qui maintient l'autorité judiciaire dans un état de dépendance : mais François Mitterrand, opposant puis président, ne plaide-t-il pas depuis au moins vingt ans pour une refonte du Conseil supérieur de la magistrature, dont on attend toujours d'apercevoir la couleur ?

Au-delà des démêlés qui opposent les politiques et les juges, la question centrale reste celle de savoir comment, avec qui, les élites vont pouvoir reconquérir la confiance du peuple. Lorsque Brice Lalonde, vieux routier de la politique, d'abord à l'UNEF puis au PSU, enfin chez les écologistes depuis 1974, qui essaie de donner le change, parle des « culs serrés de la politique », il fait, sans grand talent d'expression, œuvre démagogique. Mais il est parfaitement compris par l'opinion. Si l'on veut vivre dans une démocratie, dotée d'une économie de marché à fort correctif social, soudée autour des valeurs de la République, alors il faut s'attacher à recréer une relation placentaire entre le pays et ses élites, et donc retrouver d'une part les conditions d'une véritable reconnaissance de la validité des élites par l'opinion, et d'autre part restaurer rapidement la crédibilité de ces dernières. Cela vaut pour les médecins, pour les ministres, pour les patrons, pour les journalistes comme pour les juges. Sinon l'aspiration à la « propreté », l'invocation de la morale nourriront chaque jour davantage le fonds de commerce électoral de quelques-uns, plus tentés par l'aventure que par l'approfondissement de la démocratie.

En croyant promouvoir une conception morale de la vie publique, en jetant le soupçon sur la validité de la délibération parlementaire, en disqualifiant les élus nationaux pour cause de malhonnêteté, tous les procureurs que nous sommes ont probablement porté atteinte à l'essentiel, c'est-à-dire aux principes mêmes de la représentation. A ce stade, nous avons donc un besoin urgent de réhabiliter la politique pluraliste et les partis qui en sont le levier, mais nous

158

avons surtout besoin de retrouver le chemin d'un véritable civisme. Une pédagogie de la société est, dans cette perspective, indispensable, dans la mesure où la misère de la République n'est rien d'autre que le reflet de la pauvreté, du recul de la citoyenneté. Dès lors, c'est des citoyens que peut provenir le sursaut, c'est le civisme qu'il faut restaurer.

Hier, être un bon citoyen, c'était voter. Cette obligation morale existe beaucoup moins ; elle a presque disparu, en tout cas, pour les plus jeunes. Hier il était tout de même mal vu de s'abstenir ; ce n'était pas bien ! Aujourd'hui, c'est une attitude politique. Aujourd'hui voter n'est plus un devoir, mais une possibilité, qui exige une motivation particulière, ou un grand sujet comme l'Europe. Il faut désormais attirer le citoyen-consommateur, aller chercher le client, tâche qui exige davantage de l'homme politique. Si l'on ajoute à cette évolution l'ampleur déjà ancienne de la fraude fiscale, ou bien la diffusion dans la société elle-même de la corruption, sa généralisation récente, si l'on définit, comme le grand historien de la romanité Claude Nicolet, le civisme comme « l'attitude et les pratiques des citoyens qui assurent la survie de la cité », alors il est urgent, non seulement de revenir à un civisme minimum, mais aussi de trouver des formes nouvelles qui permettent à ce dernier de renaître ! Sans pour autant se tromper de crise.

La crise que nous connaissons n'affecte pas la légitimité de la démocratie, ni l'égalité devant la loi qui en est l'un des fondements, alors que tous ces principes démocratiques ont été longtemps des occasions de divisions, de clivages dans la société française elle-même. La crise d'aujourd'hui affecte la représentation : la délégation consentie par le citoyen ne le satisfait plus, ne lui suffit plus pour considérer que la démocratie est accomplie. C'est donc la notion de représentation qui est en cause, le succès des coordinations ne signifiant pas autre chose dans le monde du travail. Le citoyen réclame d'autres formes d'intervention dans la société démocratique. Celle-ci ne peut plus se réduire à la délégation de souveraineté. La crise frappe donc la représentation qui est, à juste titre, considérée comme incomplète.

A partir d'une vision minimale de la demande, on peut chercher et trouver réponse en s'attachant à un certain nombre d'aspirations concrètes que la société considère comme insatisfaites. On peut alors penser recréer le lien social en mettant en avant quatre questions clés : il y a trop de chômeurs, pas assez de sécurité, pas assez de réussite scolaire, et un accès trop difficile à la propriété.

Trop de chômeurs ? La démonstration évidemment n'est plus à faire, encore que l'on oublie trop souvent que le taux de chômage en France est le résultat d'un véritable consensus, qui consiste pour la plupart des acteurs économiques et des citoyens à considérer qu'il vaut mieux tolérer un niveau structurel élevé de chômage plutôt que d'accepter une réduction de ses propres droits acquis, en matière salariale notamment, qu'il vaut mieux vivre avec 3 millions de chômeurs, plutôt qu'en partageant le temps de travail. Ce consensus-là, qui n'est jamais mis en avant, est pourtant l'un des plus solides et des plus forts de la société actuelle ; cela n'empêche pas les phénomènes de peur, peur de la contagion, peur d'une trop grande extension du chômage, beaucoup de familles étant aujourd'hui touchées. Mais quelle entreprise n'a pas fait l'expérience d'un choix entre des licenciements pour quelques-uns, accompagnés socialement ou non, et une forte réduction de la masse salariale pour tous. Le choix ne se pose plus, pas même dans les entreprises où la CGT reste puissante : personne ne veut en rabattre sur sa propre situation, et se rassure avec l'accompagnement social du chômage.

Pas assez de sécurité ? C'est une donnée fortement ressentie. Dans les faits, pourtant, la France est un pays plus sûr que l'Amérique, les banlieues françaises sont moins agitées que les banlieues britanniques, où les problèmes ethniques se posent de façon bien plus violente. Mais derrière la question de la sécurité, c'est à l'ensemble de la ville qu'il faut penser.

Pas assez de réussite scolaire ? C'est la preuve que l'ascenseur social ne fonctionne plus, que les élites se reproduisent davantage qu'auparavant, même si certaines statistiques peu connues infirment peut-être cette perception. René Lenoir, ancien directeur de l'ENA, n'a d'ailleurs pas de mots assez durs pour cette idée qu'il réfute chiffres à l'appui, ceux de la progression constante du pourcentage de fils d'ouvriers et d'employés qui accèdent à l'Ecole nationale d'administration, par rapport aux fils de hauts fonctionnaires ou de grands bourgeois. Là encore, on peut montrer que le taux de réussite scolaire est bien meilleur qu'aux États-Unis, que c'est sous le gaullisme que toute une classe d'âge a envahi le lycée, et sous le mitterrandisme qu'une autre classe d'âge accède massivement à l'université. Sur la longue durée la démocratisation est bien réelle : démocratisation de l'accès au collège, au lycée, à l'université. Mais il reste encore à démocratiser la réussite. Car le véritable problème français est celui du brassage social global : l'accès plus large de la population au niveau de l'enseignement supérieur s'accompagne de la fermeture relative des élites qui, elles, ont repoussé les classes moyennes traditionnelles (professeurs, magistrats, médecins, par exemple) et leurs enfants en-deçà du point qu'elles avaient atteint. Ce sont ces groupes-là qui sont sensibilisés à ce qu'il faut bien appeler leur descente.

Pas assez d'accès à la propriété ? Le dommage vient de ce que le privé n'a jamais pris le relai de l'État. Hier, ceux qui étaient en marge avaient l'espoir, et surtout la possibilité, d'entrer un jour dans une HLM, et les autres avaient l'espoir, et la possibilité, de devenir propriétaires de logements moyens. Aujourd'hui, ce sont les clases moyennes qui trouvent refuge dans les HLM, tandis que les autres restent en marge. Il va de soi qu'une telle situation est lourde de dangers. Les membres des classes moyennes réduits à la passivité, les chômeurs réduits à l'oisiveté, les Français d'origine étrangère réduits à la marginalité, tous expriment une demande de dignité. Si celle-ci reste insatisfaite, ils pourraient bien, eux aussi, venir grossir les rangs de ceux qui ont fait du vertige identitaire et de la « préférence nationale » leur valeur refuge, et en tout cas favoriser une montée d'un néo-gaullisme fortement autoritaire. Pour éviter que celle-ci ne devienne la valeur majoritairement partagée, que le repli et la réaction ne l'emportent, une telle approche, aussi nécessaire soit-elle, ne suffit pas : il faut revenir de front à la question de l'identité française.

Et se demander, d'abord, comment hiérarchiser le lien social. Comment être à la fois européen, français, provençal, corse, citoyen d'une ville ? Cette hiérarchisation est bien plus difficile à concevoir qu'il y a seulement dix ans. Son approche et sa définition sont bien plus complexes qu'elles n'ont pu l'être car la réponse, pour la citoyenneté d'aujourd'hui et de demain, pour le civisme qu'il faut construire, se trouve dans la pluralité des allégeances et donc bien dans leur hiérarchisation.

Conjurer le vertige identitaire, répondre à la question de savoir ce qu'être français veut dire, c'est définir à la fois ce que l'on attend de l'Europe, une vision de la France, une relation au monde, et une pédagogie sociale.

Ce que l'on peut et doit attendre de l'Europe n'est pas très différent, sur le fond, de ce que l'on en a obtenu depuis que cette construction a été mise sur les rails, il y a plus de quarante ans, et a porté ses fruits. L'Europe a été et doit rester le formidable levier de la transformation du pays, de sa modernisation en profondeur, la France prenant rang aujourd'hui parmi les pays les plus dynamiques. L'Europe est, comme l'écrit la revue *Politiques*, « une puissance mondiale moyenne ». La France ne peut donc attendre de l'Europe de redevenir la grande puissance qu'elle n'est plus depuis la défaite de 1940, depuis qu'elle n'a plus d'empire, qu'elle n'est plus ni la « grande nation » de Louis XIV, ni la fille aînée de l'Église, depuis que les élites mondiales ont cessé de s'exprimer dans sa langue, depuis que l'univers ne se tourne plus autant vers Paris pour savoir ce qu'il faut penser.

Mais à cette puissance perdue, elle peut substituer, par l'Europe et grâce à l'Europe, une capacité d'influence renouvelée et, pour tout dire, inégalée. L'Europe qui se construit porte la marque de la diplomatie française. Elle est d'une certaine façon une idée française, plus précisément franco-allemande. La naissance de l'union européenne ne signe pas une rétraction, mais au contraire une extension de l'ambition française, puisqu'elle concrétise trente ans d'une diplomatie obstinée à travers quatre présidents de la République.

Au passage, cette union améliore la démocratie en élargissant les prérogatives du Parlement européen, tout en réveillant heureusement les parlements nationaux de leur torpeur en matière de politique européenne. En tout cas, une politique monétaire annoncée, une politique étrangère esquissée, une politique de défense évoquée se situeront dans une perspective qui, loin de dissoudre les nations, leur donne la chance de peser dans le sens qu'elles souhaitent voir prendre au XXIe siècle. Bien entendu, rien n'est acquis d'avance; c'est à la France de se saisir des instruments qui sont à sa disposition pour user de cette influence. Pour une part, il s'agira toujours des instruments classiques de l'État, mais pour une autre part, de modes d'intervention actuellement négligés. Ainsi, par exemple, au Parlement européen la France est-elle desservie, par rapport à l'Allemagne ou au Royaume-Uni, par la faiblesse de ses partis politiques, qui ne lui permettent pas de peser suffisamment dans le nouveau système politique européen en voie de constitution entre, d'une part, une euro-gauche à dominante social-démocrate et, d'autre part, une eurodroite à dominante démocrate-chrétienne. De même dans le comité économique et social, le syndicalisme français faible, divisé, et désuni, ne compte-t-il pas pour grand-chose face aux géants, même affaiblis, du syndicalisme allemand (DGB), britannique (TUC), ou italien (CGIL).

Il ne serait pas vain de procéder à un relevé systématique du décalage entre la présence française et celle des autres nations dans les instances politiques et syndicales européennes qui sont en fait les prolongements des sociétés civiles nationales dans le système de décision européen. Il est vrai que, de ce point de vue, l'influence française n'a pas progressé; elle aurait même plutôt tendance à régresser! L'exemple le plus clair est celui du droit. Dans les années 50, au tout début de la construction européenne, l'édification juridique de l'Europe était l'apanage de la culture française; le droit public français avait imprimé sa marque au droit communautaire. Aujourd'hui, la tradition anglo-saxonne l'emporte de plus en plus, ce qui explique, pour une part, certaines des réactions d'hostilité françaises au traité de Maastricht dont le style le rapproche davantage des traités anglo-saxons que des traités à la française.

Même si, sur le fond, l'objectif politique atteint est davantage celui de la diplomatie française que celui de la diplomatie britannique, dont la visée historique est d'affaiblir les structures communes pour laisser la place à une simple et vaste zone de libre échange, c'est à l'aune de cette présence culturelle, de ce poids dans la société civile, dans laquelle sont impliqués les partis, les syndicats, mais aussi les églises, les universités et les lobbies, que se traduira la réalité de l'influence française dans l'Union européenne en construction. Là encore, c'est l'acceptation conquérante de la dynamique européenne qui est pour nous le meilleur choix. Dans une société, la nôtre, qui est à ce point réfractaire aux changements et sacralise tant de droits acquis, toutes catégories confondues, cette dynamique européenne est la garantie d'une action transformatrice.

Celle-ci s'exercera sans doute vers davantage de libéralisme, mais aussi vers davantage de démocratie et de pluralisme. La part particulièrement mince de l'Europe sociale constituera et constitue déjà un solide défi, qui alimentera vraisemblablement le débat européen tout au long de la décennie à venir. Il est vrai que dans l'Europe dans laquelle nous nous insérons, il n'y aura plus de place pour un programme commun de la gauche, par exemple. Comme il n'y en aurait pas, à coup sûr, pour des mesures inspirées par la nostalgie du vichysme. La logique européenne annonce, certes, une imbrication plus étroite dans un univers fondamentalement plus libéral. Sans doute les corporatismes et les clientélismes subiront-ils de solides secousses. Mais l'alternance n'en continuera pas moins de jouer, sans perdre ses droits : la social-démocratie française y a déjà gagné d'être débarrassée de ses chimères, la droite française devrait pouvoir en profiter pour se détourner de quelques-unes de ses tentations autoritaires.

L'identité française n'est plus ni dans le fantasme d'une France grande puissance, ni dans l'attitude masochiste qui tiendrait pour acquis que la France ne compte plus. Elle doit surtout reposer sur une vision dynamique. Dynamisme de la réforme d'abord, en se rappelant que le virage date de mars 1983, lorsque le président de la République a décidé de maintenir la France dans le système monétaire européen. Dynamisme dans la gestion de ce qui est le principal défi posé au pays : celui de l'immigration. Mais le dynamisme français n'est-il pas lié depuis toujours à l'immigration ?

Le conflit des routiers qui a opposé le Gouvernement et les camionneurs, au mois de juillet 1992, au point d'ailleurs de faire craindre à quelques-uns une situation à la chilienne (une grève de camionneurs avait entraîné les classes moyennes dans un vaste mouvement de contestation contre le président chilien socialiste Salvador Allende, ouvrant la voie au coup d'État qui a coûté la vie à ce dernier en même temps qu'à la démocratie), a montré que nous ne sommes plus le Midi de l'Europe, comme dans les premières années de la construction communautaire mais que nous en sommes devenus le centre, pays de transition par définition, entre le Nord et le Sud. Les flux autoroutiers et ferroviaires sont d'ailleurs là pour démontrer cette position centrale. La France a su, grâce à des hommes comme Michel Delebarre, s'imposer de façon intelligente, à travers la carte européenne des TGV, comme la plaque tournante des trafics européens. Pour la première fois, d'ailleurs, en 1992, la France a reçu plus de touristes (principalement allemands et anglais) qu'elle ne compte d'habitants.

166

Cette situation est flatteuse : elle fait de nous le pivot de la Communauté. Elle n'est pas non plus sans danger, car elle fait aussi de nous le lieu privilégié de la tension entre le Nord et le Sud, plus précisément de la tension démographique entre notre continent vieillissant et la jeunesse du Maghreb. Cette région qui fait partie autant que l'Allemagne de notre zone de sécurité économique autant que militaire n'a pas le potentiel économique du Brésil, de l'Indonésie ou du Mexique, ses structures politiques sont partout affaiblies, paraissent peu viables à terme, et peuvent être bousculées par une population très jeune. Il y a un siècle, c'est l'Europe, démographiquement dynamique, qui colonisait cette zone alors vieillissante. Le jeu des masses, livré à lui-même, rend inévitable l'affrontement : c'est le point de départ même de la thématique lepéniste. Mais contrairement au discours dominant, qui a été écrit par M. Le Pen, l'arrêt de l'immigration n'est pas une réponse. Car il est parfaitement utopique et techniquement impossible, à moins d'ériger un nouveau « limes » et d'entamer pour le coup sérieusement, comme naguère l'Empire romain, un processus de déclin. La France se doit donc d'affronter positivement la question de l'immigration, faire de celle-ci une valeur ajoutée (comme le furent récemment les Pieds-Noirs) en termes économiques (c'est un moyen de pallier nos défaillances démographiques) et politiques (qui croit le plus en nos valeurs républicaines, sinon les jeunes « beurettes » ?). Cela suppose que soit mise en œuvre une logique de sécularisation de l'islam français. Mais de même qu'hier la République s'est confortée par un colonialisme (malgré une opinion rétive), qui était porteur d'une part de l'universalisme français, elle peut aujourd'hui s'enrichir par l'intégration de ceux qui le souhaitent, conformément à la vocation d'un pays ouvert.

Il est vrai que dans le vieux pays d'accueil que nous sommes, qui au cours des siècles a su fixer sur son sol et absorber dans sa culture tant d'apports étrangers, la gravité du problème de l'immigration tient certes à la masse des nouveaux arrivants, qui impressionne l'opinion, mais aussi et surtout à nos propres incertitudes identitaires. Celles-ci sont largement liées au débat qui se poursuit sur les deux systèmes traditionnellement opposés de l'identité française. L'une définit la nation en termes d'héritage, de filiation, et l'autre en termes d'adhésion volontaire, de contrat librement consenti. Dans la réalité, les deux systèmes ont fini par se rejoindre et par se confondre. La difficulté vient aujourd'hui de ce que la nationalité tend à perdre de sa signification en tant qu'élément d'un système de valeurs, tandis que les aspirations collectives se résument à plus de bien-être, de sécurité et de réussite scolaire. C'est en tant qu'instrument de régulation de la vie sociale et économique que l'identité nationale doit être relégitimée.

Chapitre 7

CHANGER DE RÉPUBLIQUE

Le chef de file de l'opposition « républicaine » au général de Gaulle, celui qui, dès mai 1958, avait dénoncé un régime instauré « par la force et par la sédition », celui qui, onze ans plus tard, théorisait cette Ve République dans un livre à bien des égards toujours pertinent [1], celui-là a permis tout à la fois à cette même République de franchir le cap difficile des trente ans et de réussir une épreuve décisive, celle de la cohabitation. Cet homme-là a présidé aux cérémonies du bicentenaire de la Révolution française, le 14 juillet 1989. Commémoration on ne peut plus républicaine, dont la symbolique et le message avaient été sollicités pour ce grand rendez-vous du souvenir et de la tradition ; mais commémoration très « Ve République » dont on ne devrait jamais oublier qu'elle a un fondement consulaire, pour ne pas dire césariste. Césarisme palpable, précisément, par l'omniprésence politique et médiatique du chef de l'État à cette occasion, par le lien étroit entre les cérémonies, leur organisation, leur financement, et le « domaine réservé », qu'il s'agisse de la commémoration elle-même, des affaires internationales,

1. *Le Coup d'État permanent.*

puisque ces cérémonies coïncidaient avec le sommet du G7 [1], et avec la conclusion des Grands Travaux (l'Arche de La Défense, la Pyramide du Louvre, l'opéra Bastille). Bref, un observateur extérieur pouvait constater en ce 14 juillet que, solidement enracinée après avoir franchi victorieusement tous les obstacles, y compris l'arrivée au pouvoir de son principal adversaire, la Ve était assurée de durer. Au reste, aucune force politique importante hormis les communistes et les trotskistes – mais que pèsent-ils aujourd'hui ? – ne réclame plus une révision radicale du régime.

Pourtant, c'est bien ce régime-là qu'il est temps de remettre en cause. C'est bien *de* République qu'il faut changer, comme le souhaite Simone Veil, et non *la* République, comme l'a corrigé Jacques Chirac (dans le journal *Le Monde*). A priori, quatre évolutions justifient que l'on se penche sur les institutions. D'abord, les deux grandes réformes des années 80, c'est-à-dire la décentralisation et l'insertion dans le marché unique européen, ont dessiné une nouvelle répartition des pouvoirs. Celle-ci retire déjà certaines compétences aux échelons centraux du régime, et devrait conduire à une diversification du personnel politique : les grands principes sur lesquels la Ve République a été fondée risquent d'en être ébranlés.

Ensuite, la primauté présidentielle en matière de défense et de politique étrangère va être non seulement mise à mal, mais écornée par la logique actuelle de désarmement, qui conduit au dépassement de la dissuasion nucléaire, et surtout par l'européanisation progressive de la politique extérieure. A compter du moment où la direction prise est celle d'une ébauche de diplomatie commune, la question

---

1. Le G 7 rassemble chaque année les présidents ou chefs de gouvernement des sept pays les plus industrialisés.

se pose. Elle a d'ailleurs été posée. Le voyage éclair de François Mitterrand à Sarajevo au mois de juin 1992, en plein cœur de la bataille, au prix d'ailleurs de risques personnels très grands, allait en effet à contre-courant. Ce fut en effet un geste fort, symbolique de l'indépendance de la démarche française, alors même que celle-ci se voulait à la pointe de la construction européenne. Quelques heures à peine après avoir quitté ses partenaires réunis en sommet à Lisbonne, François Mitterrand atterrissait à Sarajevo. Certains des participants lui reprochèrent aussitôt d'avoir fait peu de cas de leur point de vue. François Mitterrand n'avait mis dans la confidence que le chancelier allemand et, à la dernière minute, le président portugais.

En troisième lieu, on ne peut pas ne pas considérer le fait que le modèle de référence de l'Europe, à travers tous les États membres, est parlementaire, à l'exception de la France. Celle-ci pourra-t-elle longtemps s'en tenir à l'écart?

En quatrième lieu, enfin, il n'est plus temps d'attendre : l'ampleur du déficit démocratique du pays commande d'engager sans tarder la refonte, ou la réforme, des institutions. Le constat de ce déficit ne souffre plus guère de discussions dans l'opinion comme dans les instances politiques. La litanie des déséquilibres dont souffre la démocratie française est longue. Mais deux carences, au moins, méritent qu'on y revienne : l'hypertrophie du pouvoir présidentiel, et l'effacement d'un parlement qui est, selon l'expression de Jean-Michel Belorgey, « à refaire ». Ce parlementaire sait de quoi il parle ; il est lui-même président de la Commission des affaires sociales à l'Assemblée nationale, depuis 1988.

Dans un contexte qui est aussi marqué par la faiblesse de l'échelon régional, par la distinction croissante entre les citoyens actifs et les citoyens passifs, par la chute de la représentativité des partis de gouvernement – dont l'audience cumulée atteint à peine un Français sur deux, si l'on en juge par le résultat du référendum sur l'Union européenne – et la montée de l'extrême droite, et surtout par la délégitimation de la loi elle-même, il ne serait pas choquant de voir l'univers politique se plonger dans une réflexion sur le partage du pouvoir à l'aube du XXIe siècle. Ce thème, appliqué aux institutions aussi bien qu'à l'entreprise, pourrait permettre de repenser la démocratie française, de toiletter la Constitution, qu'il s'agisse de la présidentialiser ou, plus simplement, de l'amender pour en corriger les excès. Le champ des réformes possibles est donc vaste et l'imagination des juristes et des politiques ne devrait pas s'imposer de limites.

Au-delà de ces considérations, deux autres impératifs commandent un changement de République. Ils ont trait à deux aspects fondamentaux de nos institutions : le premier est le dogme de l'unité de la République, le second concerne la pratique monarchique de ces mêmes institutions.

Les racines révolutionnaires de la République font que celle-ci est réputée, de par sa Constitution, « une et indivisible ». Aux yeux des révolutionnaires, comme aux yeux de tous les constituants qui se sont succédé, le peuple est un. La République a été fondamentalement réductrice des différences, avant de vouloir l'être, à partir de la Libération, des inégalités. La diversité est considérée comme un défaut, comme un manque, comme un mal qu'il faut combattre. Les souvenirs de ceux qui, Corses ou Bretons, ont eu à souffrir de l'apprentissage de la langue française – non qu'ils le regrettent, mais ils se rappellent qu'ils étaient punis lorsque, dans la cour de l'école, ils employaient leur langue, ou leur « dialecte » – sont là pour nous rappeler le poids très concret de cette conception de l'unité, qui touche non seulement aux grands principes, au mode d'organisation d'une administration, mais aussi à la vie quotidienne de tout un chacun, jusque dans les villages les plus reculés. De même, nombre de difficultés que la France a éprouvées d'abord avec ses colonies, puis avec certains départements ou territoires d'outre-mer, et désormais avec la Corse, tiennent précisé-ment à cette conception unitaire et assimilationniste qui a toujours eu du mal à accepter, à tolérer ou à organiser la diversité des cultures et des ethnies qui étaient, et sont encore, sous la férule républicaine.

Or, une dimension essentielle de la démocratie aujourd'hui réside dans le respect de la diversité. L'une des questions centrales qu'il faut résoudre est bien celle de la recherche d'une nouvelle adéquation entre l'unité d'un peuple, d'un régime, d'une Répu-blique, et cette nécessaire pluralité, pour préserver le caractère démocratique du système. De ce point de vue, la vie politique française, sur toute la durée du XXe siècle, peut s'analyser comme le passage progres-sif d'une conception unitaire de la République à la reconnaissance de sa diversité. Cette évolution s'est parachevée avec l'acceptation tardive, et peut-être même un peu trop enthousiaste, par la gauche, du droit à la différence.

Jusqu'où peut aller ce droit ? Il faut évidemment empêcher qu'il ne débouche sur une absence de civisme. L'idée que l'arche politique puisse reposer sur des individus, sur ce que certains nomment « l'individualisme démocratique », est dangereuse, car l'individualisme même peut vider la démocratie de sa substance constitutive. Il est d'ailleurs curieux que les notions de civisme qui ont déserté la Cité et son gouvernement soient, la plupart du temps, réin-vesties dans la logique de l'entreprise. C'est pourquoi on parle tant aujourd'hui d'une « culture d'entreprise ». Cette évolution ne présente pas que des avantages si l'on veut bien considérer que l'entreprise est, par définition, le lieu de plus grande malléabilité de l'individu, alors que la Cité, la République, est censée lui assurer les conditions de son épanouissement.

Sous réserve, donc, que ces précautions soient prises, et que l'on ne distende pas à l'excès le lien civique, c'est cette reconnaissance de la diversité qu'il faut codifier de façon nouvelle, et qui doit influencer toute idée de réforme des institutions. C'est autour de la pluralité des allégeances que doit s'organiser une nouvelle citoyenneté : cette notion doit trouver sa traduction dans un changement de République, pour que celle-ci soit démocratique.

Un autre fondement de la V\ :sup:`e` République est à reconsidérer. Avec sa Constitution, le général de Gaulle a voulu reconstruire un État républicain, certes, mais disposant d'une autorité monarchique. Comme le fait remarquer Blandine Kriegel, une telle organisation présente des inconvénients majeurs pour l'exercice démocratique du gouvernement à savoir « la tendance des administrations à former des castes irresponsables, l'inaptitude à accepter la demande principale des sociétés modernes qui veulent arbitrer les conflits par le droit ». Car il y a, dans la Constitution de 1958-1962, des éléments tout à fait étrangers à la tradition démocratique et révolutionnaire française : principalement le formidable transfert de pouvoir, et de son rôle de dépositaire de la souveraineté, de l'Assemblée nationale vers le président de la République. D'ailleurs cette révolution a été parfaitement perçue dès les premiers jours du retour du Général, mais elle a été mal interprétée.

En effet, les républicains l'ont aussitôt dénoncée comme bonapartiste, en lui appliquant les schémas du XIX\ :sup:`e` siècle. Ils ont estimé que ce transfert de la souveraineté d'une assemblée représentative vers un seul homme, représentant du peuple et investi par lui, était précisément l'incarnation, la réalisation du schéma bonapartiste. Cette analyse républicaine s'est révélée en partie fausse. C'est d'ailleurs l'une des explications de l'échec d'un Pierre Mendès France, qui est resté, lui, crispé dans cette analyse historiciste alors que François Mitterrand, tout en continuant de contester les institutions, se coulait déjà dans le moule de la présidentialisation de la vie politique. L'un évoque toujours Prévost-Paradol pour écarter l'hypothèse d'un ralliement à de Gaulle, quand l'autre se garde bien, en définitive, d'honorer son contrat de livre sur le coup d'État du 2 Décembre... Maurice Clavel ne s'était pas fait faute de reprocher à Mendès France d'avoir refusé, compte tenu de cette analyse des débuts de la Ve République, de seconder le général de Gaulle, pour garantir le fonctionnement démocratique du nouveau régime. « En ce gâchis sinistre de la politique française, abject de tous les côtés, vous comprendrez que j'y songe », écrivait (déjà!) le philosophe. Dès les années 60, François Mitterrand comprit, seul, que désormais le succès passerait par la présidentialisation du système, et donc par le rassemblement de toute la gauche. Mendès France, c'est vrai, préféra ce qu'il faut bien appeler une illusion puriste, puisqu'il resta arc-bouté sur cette dénonciation de la monarchie institutionnelle et se réfugia dans le prophétisme économique et planétaire.

Il n'empêche : si le général de Gaulle n'a pas été l'instrument d'un coup d'État, s'il n'a pas entamé à soixante-sept ans « une carrière de dictateur », s'il y a eu une acceptation réelle par le peuple des nouvelles institutions qui sont aujourd'hui sacralisées par lui et plébiscitées, bien qu'elles dépossèdent très largement l'Assemblée de la représentation au profit du chef de l'État, il est bel et bien nécessaire de corriger cette permanence du modèle monarchique. *Sur-pouvoir, sous-développement*, tel était le titre d'un livre de Jean Lacouture dans les années 70, en plein âge d'or du tiers-mondisme.

Nous sommes aujourd'hui un pays surdéveloppé, à certains égards post-moderniste, en tout cas engagé dans une phase post-industrielle, et nous avons toujours un sur-pouvoir présidentiel qui n'est assurément plus adapté à l'état de développement du pays. Tout démocratique que souhaite être notre système, notre mode de gouvernement politique, à tous les échelons, se fonde sur un principe d'autorité unique. La France n'est pas dirigée par un monarque qui siège à l'Élysée; elle est peuplée de monarques, grands ou petits, qui règnent sans partage sur leurs fiefs, en tenant leur investiture du plus haut, et qui singent ses attitudes. L'exemple, certes, vient d'en haut. La pratique présidentielle de François Mitterrand y est pour quelque chose. Ce sont probablement les Grands Travaux, les grands chantiers présidentiels qui illustrent le mieux cette situation où un président n'est pas loin d'abuser de ses pouvoirs. « J'ai ce plaisir infini, concédait-il un jour à ses visiteurs : le plaisir de voir de belles œuvres d'art, de pouvoir en faire créer, en commander donc; le plaisir de modifier l'aspect d'une ville par la beauté. » Convenons qu'il ne s'est pas privé de ce plaisir-là. Mais il est aussi celui qui biffe jusqu'aux listes de sous-préfets, qui est tenu informé de tout et, selon la qualité des Premiers ministres, bien des dossiers remontent, comme on dit, à l'Élysée. Ceux des nominations bien entendu, qu'il affectionne particulièrement, car François Mitterrand aime punir et récompenser, flatter et disgracier; il aime exercer le pouvoir sur les hommes, sur la vie des gens. Il n'est pas en cela différent de nos monarques, ni de ses prédécesseurs.

Qu'il s'agisse de la réforme d'un mode de scrutin,

ou bien de l'acceptation de telle privatisation partielle d'une entreprise, jusqu'alors nationalisée, pour des raisons qui tiennent à l'évolution du marché international, ou bien encore du tracé de telle autoroute qui met à mal la forêt de Saint-Germain, ou de la réhabilitation du marais Poitevin, partout le président est informé, tranche quand il le désire.

Non pas qu'il faille abandonner la distinction établie par Jacques Chaban-Delmas entre un « domaine réservé » – la diplomatie et la défense –, partie intégrante de la gestion directe du chef de l'État, et tout le reste, qui est, lui, entre les mains du Premier ministre. Mais il faut toujours corriger cette distinction-là par l'existence, *de facto*, d'un pouvoir permanent d'évocation de tout dossier par le président de la République. En fait, ce thème avait été forgé à l'intention du parti gaulliste, pour qu'il ne se mêle pas de l'Algérie ; mais dans l'esprit de celui qui était alors le président de l'Assemblée nationale, il ne s'appliquait pas aux institutions. Il a pourtant réussi au-delà des espérances de son promoteur : les partis majoritaires ont toujours respecté ce qui est devenu, par la pratique, une doctrine constitutionnelle.

Cette situation est commode pour le président : elle lui permet, lorsqu'une affaire est embarrassante, de s'abriter derrière la marge de manœuvre du gouvernement et le pouvoir consenti à celui-ci ; ou bien, à l'inverse, de se prévaloir d'une décision qui en temps ordinaire relève de l'intendance, lorsque celle-ci agrée particulièrement au pays. Comme on disait en URSS, les bonnes récoltes sont imputables au secrétaire général du Parti et les mauvaises au ministre de l'Agriculture.

Ce système de protection fonctionne assez bien ; mais il rend certains dossiers étroitement dépendants de l'humeur présidentielle. Lorsque celui-ci se contente de le transmettre avec la mention « vu », interprète qui pourra! Lorsque, au contraire, le président est directement intervenu dans tel dossier délicat, personne n'est peut-être en mesure de le savoir, si cette décision donne matière à contestation. Bref, ces institutions sont, pour celui qui en est le titulaire, un formidable rempart, une véritable forteresse!

Face à ceux qui sont tentés de lui suggérer de partir avant le terme de son mandat, qu'il s'agisse de la droite, soucieuse de répondre au plus tôt aux aspirations de son électorat, ou de la gauche, soucieuse de provoquer une échéance qui la remette en meilleure posture que la perspective législative, toujours plus difficile, François Mitterrand n'a aucune peine à opposer la légalité républicaine. Il se sent dépositaire de cette légalité pour sept ans, qui est la durée de son mandat. Le thème même de la réforme des institutions illustre avec une certaine désinvolture l'usage monarchique que l'on peut faire d'une disposition républicaine. N'est-ce pas lui qui a toujours proclamé que, « dangereuses avant lui », les institutions le redeviendraient « après lui »? Ce que l'on traduit par : après moi, le déluge!

Certes il a successivement et vainement tenté d'élargir la saisine du Conseil constitutionnel aux citoyens, et le champ d'application du référendum; mais il avait inscrit parmi ses 110 Propositions, dès 1981, la limitation du pouvoir présidentiel à un mandat de sept ans, ou à deux mandats de cinq ans; et c'est aussi lui qui, à chaque moment difficile, a posé la question des institutions et l'a laissée sans réponse : en 1984, lors de la querelle scolaire, au cours de ces fameuses journées de juin qui ont ébranlé le pouvoir au point que l'on s'interrogeait sur sa survie, en 1986 avec la cohabitation, puis en 1991 pendant cette sorte de Mai 68 rampant que l'on a connu. Car la conclusion fut chaque fois que les institutions, telles qu'elles existent, sont un rempart en effet infranchissable. Le constat fut chaque fois que la réforme des institutions était brandie comme un moyen de sortir d'une crise, d'aider à la solution d'un problème, pour aussitôt être enfouie dans la poche présidentielle, avant, qui sait, de ressortir à la prochaine alerte.

L'exemple vient donc d'en haut. Il se répercute du président aux autres présidents, qu'ils soient de région, de département, ou aux maires. La symbolique traditionnelle du patriarche familial, et du seigneur local, s'est d'ailleurs renforcée aujourd'hui de celle du patron, puisque désormais les gestionnaires politiques se réclament de la logique entrepreneuriale : ils en ont les pouvoirs, les moyens. Le maire d'une ville un peu dynamique parlera « d'eurocité », il ambitionnera de faire « gagner son équipe », il adoptera le langage, la culture et les méthodes de la gestion d'entreprise, qui, comme chacun sait, est fortement hiérarchisée en France.

La conquête et le contrôle d'un fief ont naturellement engendré des stratégies qui détournent l'esprit du système politique à leur profit : les gouvernants restent aussi des élus latents, soucieux de leur crédit auprès de leurs électeurs, en dépit de l'incompatibilité des mandats législatifs et des responsabilités ministérielles qu'avaient instaurée les textes de 1958. Le vote personnel n'a jamais été respecté au parlement, où sévit l'absentéisme. Le cumul des mandats a été officialisé avec une nouvelle réglementation qui, certes, en limite l'exercice à deux importants, mais ne l'interdit pas. La confusion des fonctions publiques et privées s'est imposée d'autant plus facilement que la sélection des élites en France est particulièrement fermée, et que le « pantouflage » et la politisation de la fonction publique ont achevé de mélanger les genres.

Cet édifice concourt naturellement à la faiblesse

des partis, et renforce une structure hiérarchique qui n'est plus guère adaptée au temps qui vient. A son niveau de pouvoir, chaque chef agit monarchiquement, dans la mesure où – c'est là une spécificité nationale, d'aucuns diront un des éléments de « l'exceptionnalité française » – il ignore le conflit d'intérêts. Ce dernier est un concept anglo-saxon, qui désigne la difficulté de décider sous le coup de motivations contradictoires. En France, les élus, à plus forte raison les plus hauts dirigeants, sont considérés comme des polyresponsables. Ils sont sensés faire la synthèse, dégager en permanence l'intérêt général. Mais cette polyresponsabilité débouche souvent sur l'irresponsabilité.

Cette permanence des structures hiérarchiques et du modèle nobiliaire, qui s'incarne parfaitement dans la sacralisation absolue de la présidence de la République, justifie la réforme, car il y a danger pour la démocratie; et parce que nous avons besoin de plus en plus de la démocratie. Cela ne veut pas dire dégrader la fonction présidentielle ou les fonctions présidentielles, à quelque niveau de l'échelon politique et administratif qu'elles se situent. Cela implique symboliquement de commencer par faire tomber quelques privilèges, aujourd'hui insoutenables aux yeux de l'opinion, et dont les plus visibles sont à la fois le train de vie et le décorum, ou le rituel qui entoure le déplacement d'un ministre. Le protocole, par exemple, pourrait être aisément démocratisé, surtout lorsqu'il est utilisé par ceux qui se réclament de démocratie.

A toutes ces raisons structurelles et fortes qui militent pour un changement, s'ajoute le fait que nous sommes entrés, qu'on le veuille ou non, dans une configuration politique différente. La politique européenne n'est déjà plus une politique extérieure. Elle est un élément d'un ensemble à définir, qu'il est difficile de limiter à l'exercice du domaine réservé présidentiel. L'Europe s'est construite pendant plus de trente ans sous l'impulsion d'un despotisme éclairé. Celui-ci a porté largement ses fruits, dont nos pays profitent tous. Mais aujourd'hui l'opinion est lasse de ce despotisme-là et veut en sortir. En outre le processus européen met plus que tout autre l'accent sur l'une des faiblesses de la démocratie française, qui est un système où l'on ne délibère pas, où l'autorité s'incarne puis s'exerce sans que les instances délibératives jouent leur rôle. Cette carence délibérative explique, pour une part, l'ampleur du « non » au référendum de ratification de Maastricht.

La politique régionale, elle, s'affirme chaque jour davantage. Il n'est pas rare de voir des présidents de région nouer des liens avec leurs homologues, ici espagnols, là allemands, ailleurs belges ou italiens, pour jeter les bases embryonnaires d'une politique de codéveloppement dans des sphères qui regroupent plusieurs régions, par-dessus les frontières mais au sein de la Communauté. Ce phénomène s'étend même aux maires des grandes villes, ceux qui pensent avoir une vocation européenne, que ce soit Toulouse, Montpellier, Strasbourg ou Lyon pour ne citer que les plus actives. Ces grandes villes-là ont une politique autonome, et il n'est plus rare de voir des élus de renom national préférer leur mandat local à l'instar de Rodolphe Pesce ou Alain Carignon, et un temps Dominique Baudis. Le fait européen et le fait régional sont donc là, massifs. Ils entraînent des conséquences qui ne peuvent pas ne pas retentir sur l'équilibre des pouvoirs.

Quant au parlement, un seul symbole suffit à caractériser son état : l'usage répété de l'article 49, alinéa 3, qui permet l'adoption d'un texte sans vote lorsque la majorité est en difficulté. Cela ressemble à une lobotomie d'autant plus que, lorsque survient un grand problème de société, qui nécessite un débat, une vaste confrontation d'idées, la puissance publique suscite des comités *ad hoc*. Il en va ainsi des deux grands problèmes que la société française doit affronter dans les années qui viennent : l'éthique, qui a surgi avec les progrès des sciences du vivant, et les questions ethniques.

L'ère du génie génétique et de la production du vivant bouleverse à ce point notre vision des choses, provoque une telle rupture dans l'histoire de l'humanité que les problèmes éthiques viennent sur le devant de la scène. Ils sont traités, précisément, par un Comité national d'éthique, présidé par une personnalité reconnue, et composé de biologistes, de religieux, de philosophes, etc. De même, lorsqu'il s'est agi de réformer le code de la nationalité, le Gouvernement a réuni une commission composée de personnalités qualifiées à des titres divers pour s'exprimer sur ce sujet ; celle-ci a délibéré, devant les caméras de la télévision, pour finalement produire un rapport qui trace les grandes lignes d'une société ouverte, libérale, accueillante et détachée des querelles politiques du moment. Ainsi, lorsqu'il s'agit de délibérer sérieusement, le Gouvernement, le pays s'en remettent à des instances définies pour la circonstance, qui jouent devant l'opinion ni plus ni moins le rôle que jouait auparavant le parlement.

A cela, il faut ajouter que le lobbying qui se faisait hier au parlement se déploie désormais à Bruxelles. Chaque semaine, les grands organismes professionnels ont affaire à tel bureau de la Commission européenne, telle instance de la Communauté, désignés le plus souvent par des sigles qui ressemblent à autant de codes secrets (comme la DG 12, par exemple, qui s'occupe des questions agricoles). Les groupes de pression s'intéressent au niveau le plus efficace, et traitent désormais directement avec les

« techno-européens » (pour ne pas dire les eurocrates, selon la dénomination péjorative dont les ont affublés les partisans du « non »).

Dans ce contexte où tout concourt à la réforme, dans une situation où chaque élément nous indique que le système bâti il y a plus de trente ans, et qui a été d'une rare efficacité, connaît des imperfections qu'il est urgent de corriger, à l'orée d'un nouveau siècle, qui nécessiterait une approche positive de la démocratie pour faire franchir à celle-ci un nouveau pas, eh bien ! c'est l'inverse qui s'est produit ! La présidence s'est en effet crispée dans une interprétation sur-gaullienne de son rôle.

Une partie de cette question avait été posée par Pierre Mauroy dès le premier gouvernement d'union de la gauche. Dans un célèbre article au journal *Le Monde*, celui-ci avait expliqué qu'il fallait désormais « gouverner autrement ». Cela voulait dire, aux yeux de l'ancien Premier ministre, ouvrir un dialogue entre les membres du gouvernement, faire du président une sorte de grand animateur, l'homme de la synthèse républicaine, comme Pierre Mendès France l'avait souhaité dès 1954 pour le président du Conseil d'alors. Pierre Mauroy s'était immédiatement attiré les foudres de Pierre Joxe, alors président du groupe socialiste de l'Assemblée nationale, qui agissait (comme cela devait souvent lui arriver) en garde présidentiel vigilant et en gardien paradoxal de la vulgate gaulliste. Après ce coup d'arrêt, la pratique s'est aggravée. Les Conseils des ministres sont redevenus des rendez-vous formels. Ils ne sont intéressants que lorsque le président s'y livre à un vaste exposé, le plus souvent de politique extérieure, pour situer ses actions dans le contexte du moment. Quant aux débats... On a même vu le chef de l'État interdire à un ministre de reprendre la parole au cours d'un Conseil où il avait été mis en cause : Louis Le Pensec, qui souhaitait s'expliquer davantage sur les émeutes de Saint-Denis de la Réunion, alors qu'il avait été critiqué par l'épouse du chef de l'État, ne put le faire.

Le président s'est donc replié sur l'interprétation maximaliste de la Ve République, celle-là même qu'il dénonçait à l'époque du *Coup d'État permanent* et au cours de ses campagnes électorales.

Il est même allé plus loin que le général de Gaulle dans au moins deux domaines. Celui des nominations : nous ne sommes plus au temps où de Gaulle laissait Renault aux mains d'un membre connu de la SFIO, Pierre Dreyfus. Aujourd'hui d'ailleurs, c'est moins l'étiquette politique qui compte pour le chef de l'État que la relation personnelle qu'il entretient ou non avec telle ou telle personne. Récemment, la promotion de son directeur de cabinet, Gilles Ménage, à la tête d'EDF a symbolisé une certaine conception mitterrandienne, puisqu'il s'agissait en l'espèce de récompenser un serviteur du président pour ses bons et loyaux services plutôt que de chercher l'homme techniquement le plus satisfaisant.

Le second domaine est celui de la sacralisation médiatique de la personne du président. Certes de Gaulle usait du référendum ; mais comme un moyen de vérifier, à intervalles irréguliers, la confiance du pays. C'était aussi une façon de tenir compte du déséquilibre introduit par la durée du mandat présidentiel. François Mitterrand, lui, s'il a eu recours par deux fois au référendum, l'un sur la Nouvelle-Calédonie, l'autre sur l'Europe, fait en quelque sorte don de sa personne, mais ne se remet pas en cause ; il vient témoigner, inciter, accompagner, plutôt que remettre en jeu le lien qu'il entretient avec le pays ni, à plus forte raison, son mandat.

Cet art du témoignage a atteint son apogée avec la cohabitation, période au cours de laquelle il n'était pas rare de voir le chef de l'État se déplacer dans le pays profond pour témoigner de sa critique, de son mécontentement, ou attirer l'attention sur telle ou telle situation. Cela ressemblait aux transports du roi de Bourges, alors que la France gémissait sous l'Anglais. François Mitterrand était à la fois dans le rôle de Charles VII et dans celui de Jeanne d'Arc.

Cette explosion du pouvoir présidentiel, dont Jacques Chirac et Michel Rocard ont fait les frais, fatigue le pays. On disait la présidence forgée pour permettre au pays d'affronter une guerre civile, celle qui avait été déclenchée par l'OAS ; on la disait aussi taillée sur mesure pour le général de Gaulle. Ses successeurs se sont non seulement servis de cette surdimension, mais ils ont aggravé certains travers latents du système. On a beaucoup loué la cohabitation comme preuve que les institutions pouvaient fonctionner dans tous les cas de figure. Cela n'est pas faux. Mais si l'on veut bien considérer que l'on a vu succéder à un président surpuissant, celui d'avant la cohabitation, un président impuissant, réduit à un rôle de grand témoin, au pouvoir inférieur à ceux de Vincent Auriol ou de René Coty, pendant la cohabitation, puis à nouveau, après sa réélection, un président surpuissant, cela ne montre-t-il pas plutôt l'incohérence du système que sa pertinence ?

Deux défis doivent donc être abordés de front. Le premier est celui de la nécessaire distribution des compétences entre la Communauté européenne, l'État et les collectivités locales. Le second est celui de l'adaptation des institutions à la crise des partis et à ses conséquences désastreuses.

Les institutions de la Communauté européenne ne relèvent pas du droit commun ou de règles que nous maîtrisons. Le fonctionnement de l'union européenne ne peut plus être analysé à partir des catégories traditionnelles, puisque tout y est affaire de partenariat, de co-décision, de coresponsabilité. Le traité de Maastricht fait apparaître le noyau dur de la souveraineté de l'État. Tant qu'il s'agissait de créer des politiques communes, il était toujours possible de plaider que celles-ci auraient des incidences sur la souveraineté de l'État, mais n'en modifieraient pas fondamentalement le contenu. Le fait que l'union européenne soit destinée à battre monnaie et que dans quelques années elle sera en mesure de contraindre la politique budgétaire des États constitue une mutation fondamentale qui retentira immanquablement sur les institutions.

Toutefois, le fait que beaucoup de décisions soient prises à Bruxelles ne pose aucun problème aux gouvernements nationaux, puisqu'ils sont, par définition, associés à ces décisions. Les véritables victimes, s'ils n'y prennent garde, pourraient être les parlements nationaux; et le parlement français plus que les autres, compte tenu de ses faiblesses propres. Récemment, l'Assemblée nationale et le Sénat ont tenté de se réinsérer dans ce processus de codécision. Ils doivent cependant s'attendre à se heurter non plus seulement à l'inertie gouvernementale, mais aussi au Parlement européen lui-même, qui considère que son degré d'association aux codécisions est insuffisant et qui souhaite naturellement élargir ses prérogatives. Il faut donc inventer des procédures qui permettront aux parlements nationaux d'intervenir dans ce système de codécision.

On retrouve la même difficulté au plan local. Il faudra bien un jour faire entrer dans le domaine constitutionnel la part prise par les collectivités territoriales dans la vie du pays, et probablement reconnaître que nous allons vers un alignement sur le droit qui est déjà à l'œuvre dans d'autres pays de la Communauté. La disposition du nouveau statut de la Corse qui a été déclarée inconstitutionnelle par le

Conseil constitutionnel, qui posait dans son article premier l'existence d'un « peuple corse », était déjà un pas dans la direction de ce qui existe, par exemple, en Espagne, pays qui ne craint pas de s'affirmer comme une nation composée de différents peuples, ou en Italie à l'endroit de la Sardaigne et de la Sicile, régions de statut spécial depuis 1947. Cette réforme corse a en tout cas un mérite : elle a fait sauter le verrou de l'uniformité en créant pour la région un statut spécial. Il serait intéressant de pousser plus loin en imaginant que d'autres régions puissent adapter leur propre relation à l'État. Sans naturellement que celui-ci abandonne ses prérogatives régaliennes.

Allant encore au-delà, il faudra bien inscrire dans nos institutions les possibilités de coopération transfrontalières qui sont déjà à l'œuvre et tenir compte du fait que le traité de Maastricht prévoit la création, par exemple, d'un comité européen des régions. Cette instance va vraisemblablement prendre son essor et les différents présidents de régions qui vont y travailler n'ont pas l'intention de faire de cet organisme un comité croupion supplémentaire.

Ainsi les évolutions à l'œuvre au niveau européen et au niveau régional vont dans le même sens; elles sont complémentaires et conduisent à imaginer une modification des institutions. Ne serait-ce que parce que chacun voit bien que dans les dépenses publiques (d'infrastructures, de services dont doivent disposer les citoyens pour organiser leur vie), la part prise par les régions est de plus en plus grande. Déjà en Italie, un projet de réforme constitutionnelle prévoit qu'en quelques années la majorité des dépenses publiques sera le fait des régions, et non plus de l'État central, ce qui est le cas, depuis sa fondation, en république fédérale d'Allemagne. Cette même question se pose en France. La droite, qui est vraisemblablement en mesure de l'emporter lors des prochaines échéances électorales, veut d'ailleurs aller plus loin en matière de décentralisation : elle devrait donc donner davantage de compétences aux régions, lesquelles seront conduites à financer davantage de dépenses publiques. A dire vrai, la droite, comme la gauche, souhaite alléger les dépenses de l'État central.

Le problème de la réforme des institutions se pose plus gravement encore à la France et à ses gouvernements mitterrandistes. Ces raisons tiennent non pas à la crise des partis politiques ou aux difficultés d'un seul d'entre eux, le Parti socialiste, mais plutôt aux interactions entre ces difficultés et le fonctionnement des institutions. Dès son premier septennat, François Mitterrand a en effet tiré sa puissance d'un double facteur. Il était d'abord le chef de l'État et disposait de ce fait de toutes les prérogatives coutumières de cette fonction. Il était en outre le chef du parti dominant, qu'il avait lui-même fondé et dont les responsables étaient ou bien devenus membres du gouvernement, ou bien contrôlaient le fonctionnement du parlement par le biais du système de scrutin majoritaire, auquel les électeurs avaient souscrit. C'est ce double réseau qui permettait à François Mitterrand d'être sans doute le président le plus puissant de la Ve République depuis ses débuts.

Naturellement, cette situation dépasse de loin l'appréciation ou le jeu personnel de François Mitterrand, parce que la concentration du pouvoir présidentiel est en fait largement liée aux rapports qui s'établissent entre le chef de l'État et les partis. Lorsque l'autorité d'un président sur un parti, qui plus est hégémonique, est totale, le centralisme atteint l'absolu. Ce fut le cas lors de la première législature de 1981 à 1986. En revanche, lorsque l'autorité du président sur ce parti diminue, des éléments d'affaiblissement des institutions se développent, du fait du processus interne au phénomène partisan lui-même : c'est ce qui se passe depuis le début du deuxième septennat de François Mitterrand, le fameux et désastreux congrès de Rennes en 1989 ayant d'ailleurs montré que lorsque le contrôle du PS échappe au président, l'ensemble du système bat de l'aile. D'un côté le pouvoir présidentiel ; de l'autre celui du gouvernement et du groupe parlementaire ; à la marge, enfin, celui du parti : tous ces éléments et ces phénomènes délétères se sont développés en liaison avec la vie interne du parti dominant.

Or, celle-ci est étroitement liée à la perspective de l'élection présidentielle. Dans les autres États de la Communauté, le système est différent ; et là où le président est élu au suffrage universel, comme par exemple au Portugal ou en Autriche, il cesse, en devenant candidat, de diriger son parti. La présidentialisation des partis, le fait que le candidat à la présidence soit le plus souvent le leader d'un parti, le fait que tous ceux qui postulent à la présidence de la République sont des chefs de courant qui aspirent à contrôler leur parti, tout cela influence fortement les institutions elles-mêmes. Nombre de parlementaires sont ainsi avant tout des fidèles soit du président de la République, soit de tel ou tel chef de courant, et leur vocation n'est donc plus au premier chef de remplir leur fonction de parlementaires, de faire la loi, de représenter l'opinion, mais de devenir un jour, par leur position dans l'entourage de tel présidentiable, ou bien membre du gouvernement, ou bien membre de l'équipe présidentielle rapprochée, lorsque leur champion aura accédé à la fonction.

Un tel constat plaide en lui-même pour quelques réformes. La première touche le cœur du système : elle concerne la présidence de la République et le Premier ministre.

La mesure la plus évidente consiste à réduire la durée du mandat présidentiel. Un mandat de cinq ans, renouvelable une seule fois, paraît correspondre aujourd'hui au rythme démocratique acceptable par l'opinion, sans dysfonctionnement grave. Une telle réduction permettrait de corriger un certain nombre d'effets négatifs. Chacun sait qu'à peine le président élu, la campagne électorale recommence autour de lui d'abord dans son propre parti, et ensuite au sein de l'opposition. L'exacerbation des rivalités au sein du personnel politique pourrait être corrigée par la diminution de la durée du mandat et donc par la rapidité de mouvement de l'ensemble du système. Le seul président à avoir accepté de mettre en jeu sa responsabilité régulièrement devant le peuple a été Charles de Gaulle ; élu pour sept ans, il soumettait périodiquement à l'approbation populaire ses grandes décisions par voie de référendum. Ce mode de gouvernement avait sans doute un aspect plébiscitaire. Mais si l'on refuse ce moyen de contrôle, comme les présidents Giscard d'Estaing et Mitterrand, la bonne solution est de réduire à cinq ans la durée du mandat. Au reste cette réforme ne soulève pas de difficulté particulière : elle est déjà naturelle, tant elle est présente dans les esprits. Elle a été votée une première fois dès 1973 par les deux chambres, à l'époque du président Pompidou, mais n'a jamais été ratifiée. François Mitterrand lui-même s'est engagé à plusieurs reprises à réduire la durée du mandat présidentiel à deux fois cinq ans, ou à limiter celle-ci à une fois sept ans, mais chacun sait que les Français plébiscitent le double mandat de cinq ans. Une forte majorité d'entre eux se prononcent constamment, lorsqu'ils sont interrogés par sondages, en faveur d'une telle réforme.

La véritable question est plutôt celle de l'équilibre des pouvoirs, et notamment du rôle du Premier ministre. Une version minimale de la réforme consisterait à ne pas toucher à l'édifice actuel tout en réduisant la durée du mandat présidentiel, et à conserver les dispositions de la Constitution relatives au partage des tâches entre président et gouvernement, dispositions qui ne sont jamais appliquées à la lettre sauf en période de cohabitation. En dehors de ces moments délicats, lorsque le président dispose d'une majorité, même relative, à l'Assemblée nationale et qu'il nomme le Premier ministre de son choix, ce dernier devient, dans le meilleur des cas, un super ministre « du dedans ». Tout ce qui concerne les relations extérieures, les affaires européennes, la défense, mais aussi la culture dans son côté régalien (grands travaux, grands chantiers) et les nominations aux postes sensibles partout appartient en propre et en fait à l'Élysée. Si bien que, au fond, la tendance lourde de ce poste est d'être occupé par un super-ministre des Finances. Raymond Barre, au temps de Valéry Giscard d'Estaing, cumulait les deux fonctions, et Pierre Bérégovoy n'est pas loin de le faire, dans la mesure où le ministre de l'Économie, Michel Sapin, n'est pas en mesure de lui contester quoi que ce soit dans ce domaine.

Une première approche consiste à relever que l'évolution des partis en France, qui interdit de plus en plus au RPR, à l'UDF ou au Parti socialiste de prétendre à la domination absolue, nous conduit inéxorablement, et sans doute heureusement, vers une formule de coalition. Le président, quel qu'il soit, sera donc davantage obligé de composer avec la multiplicité partisane, comme de Gaulle pensait sincèrement devoir le faire encore en 1958. Dans ces conditions, on peut admettre que le choix du Premier ministre soit un élément de cette négociation entre le président et les partis.

Mais une vision plus radicale peut être utile. Au

fond, sous la Ve République, le monarque n'existe que parce qu'il y a un Premier ministre majordome. En droit comme en fait, il est difficile de bousculer un parlement. Si on y parvient, c'est qu'il veut bien se laisser faire. Et s'il le veut bien, c'est parce que la responsabilité de sa conduite est celle des partis qui fonctionnent avec un système de vote obligatoire. A compter du moment où un parti détient la majorité, où ce parti est contrôlé dans la majorité par le président, dans l'opposition par les présidentiables, le parlement se plie généralement à la volonté présidentielle, le gouvernement n'étant dans ce système qu'une courroie de transmission. Courroie décisive, car la cohabitation a permis à tout un chacun de mesurer à quel point la part de commande de la machine administrative du pays est bel et bien à Matignon. Par exemple, les déplacements présidentiels par avion du GLAM sont soumis à l'autorisation de l'hôtel Matignon. Pour l'anecdote, c'est l'une des raisons que l'on cite pour expliquer la déclaration de candidature de François Mitterrand en mars 1988 : sa petite-fille ayant été victime d'un accident, Matignon n'avait rien trouvé de mieux que de lui chipoter sa capacité de se déplacer au plus vite et de faire transporter l'enfant de l'un de ses fils. Le vrai pouvoir monarchique se situe donc dans le contrôle que le président exerce sur le Premier ministre, et sur l'autorité qu'il affirme à son endroit.

Depuis le général de Gaulle, les chefs de gouvernement sont dans une relation de dépendance bien plus forte vis-à-vis du président que du parlement. C'est du président qu'ils tiennent leur légitimité, même si, en droit, celle-ci dépend du parlement puisqu'ils peuvent être renversés par l'Assemblé nationale. Mais, en fait, la première de ces légitimités l'a toujours emporté, là encore sauf au cours des périodes de cohabitation. Si le Premier ministre veut survivre, il doit s'incliner. L'évolution sur le long cours de la pratique des Premiers ministres converge vers ce que l'on peut appeler la « messmérisation », du nom de Pierre Messmer, le dernier Premier ministre de Georges Pompidou, illustration parfaite d'une conception exécutive, pour ne pas dire exécutoire, de la fonction. Si l'objectif est d'affaiblir la monarchie, il faut alors, paradoxalement, supprimer l'échelon du Premier ministre, et se diriger vers un système plus présidentiel, dans lequel le chef de l'État exerce pleinement sa responsabilité, tandis que l'on accroît les pouvoirs de contrôle du parlement.

Mais il ne faut pas limiter la réforme au seul domaine présidentiel, ni à la suppression du poste de Premier ministre. Il faut y ajouter des modifications plus limitées en apparence, mais qui devraient avoir des effets en cascade sur le fonctionnement de l'ensemble du système : il s'agit de l'ensemble des dispositions qui touchent au statut du personnel politique. La loi de 1985 a déjà limité le cumul des mandats. Mais il faudrait aller plus loin, si l'on veut éviter que de nombreux parlementaires ne soient présents à l'Assemblée que deux jours par semaine; ou si l'on veut détruire des phénomènes de distorsion. En effet le pouvoir prive progressivement ses détenteurs, à tous les niveaux de leurs défenses immunitaires, de tout ce qui les alerte lorsque les choses commencent à aller moins bien, lorsque l'électorat est insatisfait, lorsque l'opinion manifeste des aspirations qui ne sont pas perçues par ceux qui la représentent. Le pouvoir produit inévitablement des phénomènes de surprotection, lesquels sont liés à l'apparition d'une véritable pathologie qui se traduit d'ailleurs, plus on est haut dans l'échelle du pouvoir, plus on est isolé, par une certaine forme de mélancolie. Arrive alors un moment où le puissant n'écoute plus rien, n'entend plus les gens, ne supporte plus les critiques, chacun de ces stades étant franchi progressivement et au fil des années. Cette situation est naturellement aggravée par les phénomènes de cour.

Pour éviter ce type de distorsion, il faut limiter le cumul des mandats, car il n'est pas vrai, par exemple, que l'on puisse être à la fois un bon maire de Paris, un bon Premier ministre et un bon président du conseil général de la Corrèze! On ne peut pas être pleinement l'un et l'autre; pas plus qu'on peut être sérieusement membre d'un gouvernement et maire de Lyon, ou maire de Lille. Il faut aussi limiter les possibilités de renouvellement des mandats que l'on exerce. Sur ce point, la loi devrait être draconienne : un seul mandat, renouvelable une fois. Cela entraînerait une vie politique beaucoup plus ouverte. Non que les hommes politiques soient obligés de quitter celle-ci après avoir accompli deux mandats de maire d'une grande ville, par exemple; mais ayant accompli ce premier parcours, ils pourraient se consacrer à autre chose, à la vie parlementaire, ou gouvernementale, si la conjoncture politique leur est favorable. Le maintien du système en l'état, même avec un cumul limité à deux mandats importants sans limitation dans le temps, est un facteur puissant de féodalisation. En outre, on peut être « bon » pendant un certain temps, à un poste donné, mais il est rare que l'on soit « bon » à un même poste pendant trente ans. Ainsi Gaston Defferre fut-il, pendant plusieurs mandats, un excellent maire de Marseille; puis il cessa de l'être, tout en continuant d'être réélu; et la situation politique et économique de la ville explosa lorsque, par la force des choses, vint le temps de la succession.

Le passage d'un mandat à un autre mandat, d'une sphère d'action locale à un niveau national et réciproquement, voilà qui donnerait de l'air, de la vivacité, du dynamisme à notre vie politique, comme cela en confère à la vie politique anglaise où fonctionne cette disposition. Mais cela impliquerait aussi – tâche ô combien impopulaire – une forte revalorisation du statut des élus, de leurs indemnités, et notamment de la rémunération des élus des grandes villes, de façon à éviter la première tentation, qui est celle du cumul. Le point le plus désastreux dans la vie politique actuelle réside dans le mélange des genres. Voilà bien l'ennemi! Par exemple, lorsqu'un Robert Pandraud, ancien ministre de Jacques Chirac, élu député, est en même temps conseiller auprès du groupe Bouygues; ou lorsque Bernard Pons, aujourd'hui président du groupe RPR de l'Assemblée, était en même temps parlementaire et salarié du groupe Mérieux, à Lyon. C'est ce système-là qu'il faut attaquer à la racine. Cela passe par un effort financier en faveur des élus de façon à éviter toute forme censitaire de représentation.

Un autre élément, inspiré du système britannique, est l'interdiction de rester membre de la fonction publique lorsqu'on est parlementaire. C'est un moyen très efficace d'empêcher le monopole des fonctionnaires sur les mandats électifs, dont tout le monde considère aujourd'hui qu'il a atteint un niveau excessif.

L'arrivée au pouvoir du Parti socialiste a en effet donné un caractère hégémonique au recrutement du personnel politique dans la fonction publique. Les fonctionnaires, hauts et moyens, professeurs et membres de l'Éducation nationale, dominent totalement le personnel parlementaire mais aussi les entourages, les cabinets ministériels. Naturellement, le fait que ce personnel politique soit en grande partie formé de fonctionnaires a un effet considérable sur les rapports entre l'État et les partis.

Dans la société médiatisée qui est la nôtre et qui fonctionne comme une sorte d'agora permanente, deux exigences doivent être satisfaites : celle de la transparence et de la sanction, qui conduit à la réduction du mandat présidentiel, celle de la circulation des hommes, de la fluidité des élites, de leur renouvellement, qui amène à envisager la stricte limitation du nombre des mandats. Partout, la société demande mobilité, fluidité, élasticité, souplesse ; le cadre institutionnel qui est le nôtre est au contraire d'une extrême rigidité, dans ses aspects les plus puissants. Il faut donc que les voies du renouvellement et de la transparence puissent s'ouvrir plus souvent, plus rapidement.

Mais l'adaptation ne doit pas épargner les appareils partisans. Ces derniers, après une période marquée par une vie particulièrement dynamique, connaissent une perte d'influence générale. D'ailleurs, ils font davantage parler d'eux sur le terrain de la corruption que sur celui des idées. Dans cette phase de repli général, le déclin du Parti communiste, qui était en France le seul véritable parti de masse comparable aux autres grands partis européens comme la social-démocratie allemande ou le parti travailliste britannique, est symbolique de ce recul des partis.

Durement frappés par l'effondrement des idéologies, désormais incapables de mobiliser les citoyens, parvenant chaque fois plus difficilement à imposer leur autorité aux notables locaux devenus de véritables féodaux, les partis ont cru trouver une planche de salut en se servant de l'État, davantage qu'ils ne le servent. Cette attitude encourage et aggrave leur crise. Mais personne ne se pose la question de savoir si l'on peut continuer de concevoir le rôle des partis, ceux de demain, comme si l'on était hier. Pense-t-on que, même si les appareils partisans se dégonflent, ils vont pouvoir continuer tranquillement, comme si de rien n'était, à peser d'un même poids dans la vie de la société et dans les rouages du pouvoir ? Concrètement, par exemple, les partis garderont-ils le monopole de l'échéance reine, du moment clé de la vie politique, c'est-à-dire de la présentation des candidats à l'élection présidentielle ?

Deux hommes qui incarnent la relève, la génération de l'après-Mitterrand, à savoir Laurent Fabius à gauche, et François Léotard à droite, poursuivent deux approches différentes. Le premier, Laurent Fabius, est le plus conservateur. Il applique une recette qui a déjà réussi à François Mitterrand, mais il y a de cela bientôt vingt ans. Son idée est qu'en contrôlant un appareil, de façon quasi bolchevique, on peut attendre le temps qu'il faut, attendre que revienne l'alternance ; bref c'est et ce sera toujours par ce moyen que l'on peut devenir président. Non pas que, dans l'immédiat, Laurent Fabius s'abstienne d'apporter son soutien à Michel Rocard dans la perspective d'une élection présidentielle ; mais il considère que cette échéance elle-même, quoique lointaine, est fortement compromise ; son zèle trouve alors une explication naturelle : l'impressionnante machine à recueillir des mandats, qui recourt parfois aux méthodes éprouvées de la SFIO, toujours à l'honneur dans certaines fédérations du Parti socialiste, comme celles des Bouches-du-Rhône ou du Pas-de-Calais : tisser des réseaux, entretenir des amitiés dans la haute fonction publique, comme dans le monde des affaires ; l'appareil fabusien est incontestablement, aujourd'hui, le premier moteur de pouvoir à l'intérieur du PS. Son organisation est exclusivement tournée vers la promotion d'un président.

A l'inverse, François Léotard a fait une croix sur son parti. Très tôt, il a considéré qu'il devait en abandonner la présidence, se détacher de son propre rôle partisan, pour fonctionner comme une sorte d'électron libre. En fait, François Léotard vise le même but que Laurent Fabius, mais espère l'atteindre par d'autres moyens, en se tenant loin des appareils, ce qui lui donne à la fois une grande liberté d'action et de pensée, et du temps pour se consacrer à la réflexion. François Léotard veut se dégager du mécanisme de sa propre présentation comme candidat à la présidence par un appareil partisan, en l'occurrence le Parti républicain, pour se poser en instrument potentiel de groupes divers : par exemple de barons de province, de grands patrons et de représentants plus ou moins qualifiés de la société civile. Cette façon de se présenter serait en contradiction et en rupture avec celle qui a cours aussi bien à gauche qu'à droite, puisque la stratégie d'un Jacques Chirac est analogue à celle d'un François Mitterrand ou d'un Laurent Fabius, et repose sur le contrôle d'un appareil partisan classique. L'approche de François Léotard est la plus novatrice. Sera-t-elle la plus efficace ? A certains égards, Giscard l'avait esquissé dès 1974 en opérant, de Chirac à Jean-Jacques Servan-Schreiber, un rassemblement très divers face à la machine essoufflée de l'UDR.

Il convient toutefois de tempérer cette apparente condamnation du rôle traditionnel des partis politiques par un constat : l'ascension du Front national est indissociable de la construction d'une machine militante, avec ses réseaux diversifiés, ses ramifications étendues. Il y a au Front national toute une machinerie politique, dont le chef est en grande partie le produit, même si l'on peut considérer que sa personnalité charismatique comporte des avantages qui vont au-delà de la puissance de l'appareil partisan lui-même. Les partis politiques ont certainement beaucoup de défauts, mais ils ont une vertu : ils rendent des comptes à leurs électeurs. Sans leur médiation, tout devient affaire de marchandage individuel, de lien clientélaire. Dans un fonctionnement démocratique, les partis sont donc un filtre utile. Théoriquement, ils remplissent une fonction indispensable dans la société, ne serait-ce que la sélection des éligibles.

Mais une organisation politique ne peut demeurer confinée à un cercle d'élus; elle ne peut vivre durablement sans lien avec la société. Ainsi, à gauche, le Parti socialiste est-il devenu une organisation sans lien avec les groupes d'intérêts du salariat. Il doit donc inventer de nouveaux types de rapports avec la société civile qui ne le condamnent pas à dépendre des humeurs de l'opinion en période électorale, et des sentiments, des stratégies de la haute fonction publique par temps calme.

Convenons que jusqu'à présent les nouvelles structures qui ont été mises en place pour tenter de compenser cette crise des partis ont connu un succès limité. A l'instar des clubs des années 60, il y a eu à droite un développement d'associations qui ont cherché à relayer la révolution conservatrice anglo-saxonne (le club de l'Horloge, laboratoire d'idées de l'extrême droite, le club 89, qui est organiquement lié au RPR, mais qui puise un certain nombre de ses idées dans le précédent), toutes s'employant à imprégner l'opposition; elles ont débouché sur le programme « tout-libéral » de 1986, avec l'insuccès final que l'on sait. A gauche, toute une série de clubs d'envergure limitée sont apparus, qui ont été rapidement absorbés par le jeu des courants, et sont devenus à leur tour des sortes de sous-courants de tel ou tel leader : Espace 89 pour Laurent Fabius, Démocratie 2000, devenu témoin, pour Jacques Delors, les Clubs Convaincre pour Michel Rocard. Bien que tous soient les chantres de la modernisation du Parti socialiste, tous se sont également montrés incapables d'alimenter les leaders en idées et d'insuffler à la vie politique elle-même des réflexions, des pistes nouvelles.

On peut néanmoins imaginer que, sans cesser d'être des machines électorales, mais peut-être en le devenant plus pleinement, les partis deviennent des lieux d'impulsion, autour desquels s'organisent des galaxies comprenant des sociétés de pensée (qui le soient vraiment), associés à une multitude d'organisations, d'associations qui structurent le débat social, avec en quelque sorte des abonnés, des « socios », comme on dit en football.

C'est vers ce type d'organisation qu'il faut vraisemblablement se tourner, avec une condition préalable : les partis doivent changer leur culture. Aujourd'hui, celle-ci est celle du pouvoir accaparé par le biais de l'État partial, c'est-à-dire de l'État propriété d'un clan ou d'une faction. De ce point de vue, le PS et le RPR ont des démarches rigoureusement identiques. Cette culture du pouvoir accaparé doit céder la place à l'idée d'un pouvoir partagé, avec les conséquences que cela comporte : ouvrir la voie à des coalitions gouvernementales, à l'instar de ce qui a pu se faire en Allemagne par exemple, mais aussi récuser le cumul de façon que dans la vie même d'un élu cet accaparement soit rendu aussi difficile que possible.

Chapitre 8

REFAIRE L'ÉTAT

« Le quotidien ne se change pas dans le bureau du ministre » : vingt ans après avoir promis de « changer la vie », dix ans après y avoir renoncé pour, à l'épreuve du pouvoir, gérer la crise, les socialistes confessaient, par la voix de Lionel Jospin, une impuissance. Être mieux logé, mieux intégré, bénéficier d'une école plus juste et plus sûre, d'une protection sociale garantie à un haut niveau, d'une justice mieux rendue et mieux traitée, d'une police plus républicaine, et pourquoi pas d'une armée plus opérationnelle : telles sont pourtant quelques-unes des revendications qui assaillent aujourd'hui tout gouvernement. Elles concernent au premier chef les attributions de l'État et relèvent d'une seule et même aspiration : changer la vie quotidienne. Il ne s'agit plus d'attendre on ne sait quel lendemain qui chante, mais d'exprimer une demande plus précise, plus concrète. Dès lors que les nuages qui enveloppaient la réalité quotidienne se sont dissipés, qui avaient nom, on le sait, « rupture avec le capitalisme », il ne reste plus qu'à affronter celle-ci, nue et crue. C'est sur elle que fort logiquement se polarise la revendication. Si celle-ci ne peut être satisfaite « dans le bureau du ministre » [1], c'est donc que l'État ne peut plus faire face à toutes ses obligations.

Quand l'État est asphyxié il faut chercher à lui redonner de l'oxygène. Qu'il s'agisse des infirmières, des gardiens de prison, des lycéens, de la contribution sociale généralisée, ou encore des discussions qui tournent autour du budget de la Défense en vue de redimensionner nos armées à la nouvelle donne mondiale, ce sont bien, à chaque fois, chaque jour, les moyens de l'État qui sont en question ; et qui paraissent bien limités. La France, manifestement, ne peut plus à la fois moderniser les missiles du plateau d'Albion, renouveler la flotte aérienne de protection de ses deux porte-avions, en construire un autre, le *Charles-de-Gaulle* pour remplacer le *Clemenceau* hors d'âge, et lutter contre la paupérisation qui menace la fonction publique. Au reste celle-ci est écrémée par le haut, du fait de l'attrait du « pantouflage », cette pratique qui consiste, pour un certain nombre de hauts fonctionnaires, à quitter le service de l'État pour rallier celui de grands groupes privés ou publics, qui leur font des offres sans commune mesure avec leur traitement de fonctionnaire ; elle est aussi remplie par le bas, si l'on ose dire, car l'État pare au plus pressé et recrute dans des conditions parfois acrobatiques les personnels dont il a le plus urgemment besoin. Appliqué à l'enseignement, à la justice, à la santé, tout domaine où la part du dévouement doit être la plus grande, une telle situation nourrit le sentiment que la qualité du service rendu baisse, en même temps que l'État semble investir à fonds perdus.

L'État, aujourd'hui, vit à la petite semaine. Dans

1. Cette formule à l'emporte-pièce ne rend pas compte de l'action injustement décriée de Lionel Jospin à la tête du ministère de l'Éducation et qui a été, sur le fond (primaire, secondaire et supérieur), rénovatrice.

un contexte où la logique de tout gouvernement est de s'interdire de nouveaux prélèvements et de réduire les dépenses publiques, l'État, dans sa forme actuelle, est donc condamné. Cette logique oblige à la rédéfinir, ne serait-ce que pour pouvoir assumer les fonctions qui lui seront conservées, ne serait-ce que pour qu'il puisse continuer de rendre les services qu'il doit à la collectivité en temps réel. Pour mesurer cette triste situation, il suffit de comparer, par exemple, le hall d'accueil d'une banque nationalisée, appartenant donc à l'État, et celui d'un commissariat, ou bien encore le siège d'une compagnie d'assurances nationalisée et les guichets de la Sécurité sociale. Dans le premier cas, nous sommes à l'orée du XXIe siècle ; dans le second, nous sommes au Moyen Âge ou, au mieux, dans la France des années 50. Il a fallu attendre le talent d'un Bertrand Tavernier pour que le ministère de l'Intérieur prenne conscience, à travers un film (*L.627*) qui retrace la misère quotidienne des policiers parisiens en lutte contre la drogue, une réalité scandaleuse, qui confine au dénuement. Délabré, l'État vit aujourd'hui entouré de grands groupes (dont certains lui appartiennent) qui non seulement ont retrouvé leur autonomie, se sont émancipés de sa tutelle, mais ont atteint un niveau de puissance qui laisse parfois celui-ci loin derrière. Un seul exemple : l'ascension du groupe Bouygues, élément clé des années 80 et 90. Voilà un homme qui, à partir du béton, fait la télévision française et une part non négligeable du cinéma mondial. Il est donc devenu maître d'une partie du jeu économique du pays, et plus encore du jeu politique, via l'influence qu'il possède à travers TF1. Qu'a fait la gauche vis-à-vis du groupe Bouygues ? Elle lui a fourni deux cautions successives, en la personne de Robert Maxwell et de Bernard Tapie. Voulant jouer dans la cour des grands, elle lui a associé un patron contesté et quelqu'un dont la mort a révélé qu'il était un escroc de grande envergure et un agent d'influence de l'URSS.

On ne saurait cependant réduire l'attitude de la gauche dans le partage des rôles entre les grands groupes qui font la vie économique du pays et l'État à ce simple aspect, après tout anecdotique. Aussi faut-il, dans un premier temps, s'interroger sur le point de savoir si, dans cette situation, l'État peut s'en sortir par ses propres forces, c'est-à-dire par un effort accru de productivité. Ce fut tout le pari du gouvernement Rocard, qui en fit l'un de ses « grands chantiers ». L'unanimité s'étant faite sur la nécessité de sauvegarder l'autofinancement du secteur économique productif, et de persévérer dans la rigueur salariale, sans l'aggraver, le secteur public paraissait en effet condamné à entrer dans l'ère de la productivité. A moins d'imaginer que la France puisse allègrement reprendre le chemin qui était le sien avec Valéry Giscard d'Estaing, et qui voyait les prélèvements obligatoires augmenter de 1 % par an. La gauche, dans la foulée, avait d'ailleurs continué sur cette pente-là, avant de les stabiliser et de trouver dans les années de croissance miraculeuse 1988-1990 une aubaine qui lui permit de temporiser. De cette ère des gains de productivité, La Poste est le meilleur, sinon le seul exemple d'envergure : non sans déclencher une polémique au sein de la gauche, paisiblement et techniquement résolue par le ministre d'alors, Paul Quilès, celle-ci a redonné foi et dynamisme à un secteur qui faisait l'objet de plaintes et de récriminations de toutes sortes.

Mais un mot est sur toutes les lèvres : l'éducation. La France peut-elle continuer de gérer de façon centralisée ce « monstre ingérable qu'est l'Éducation nationale », comme le dit Charles Millon, le président de la région Rhône-Alpes, cet édifice qui n'a de comparable, en termes d'effectifs, que ceux de l'Armée Rouge (comparaison qui a valu à l'Éducation nationale d'être injustement décrite comme un élément de soviétisation de la société française, qu'il serait urgent d'abattre)? Sans aller jusque-là, l'éducation, comme le demande Charles Millon, ne doit-elle pas cesser d'être nationale, pour survivre dans de bonnes conditions? N'est-on pas déjà en train d'évacuer, de l'État vers les collectivités locales, l'éducation elle-même? L'État devenant, avec les régions, avec les entreprises, un éducateur parmi d'autres? Cette évolution montre bien que le statu quo est impossible, et que le simple accompagnement des mouvements de force de ce secteur n'est pas non plus satisfaisant. Une réflexion d'ensemble devrait, comme Alain Minc le suggère, faire basculer le débat collectif de l'affrontement idéologique sur les recettes à une discussion sur les dépenses. Vaste ambition, extrêmement difficile à satisfaire : elle touche au cœur de la situation française, elle en constitue l'un des nœuds gordiens les plus embrouillés, que le pays doit pourtant trancher. Un pays qui a l'habitude de vivre des grands projets entrepris par l'État, portés d'ailleurs par sa technocratie dans ce qu'elle a de plus noble, qu'il s'agisse du plan télécommunication des années 70, qui fait de notre réseau un produit d'exportation, ou bien de la réalité et de la compétitivité des fusées *Ariane*, ou bien encore du projet Hermès de conquête de l'espace. De même un certain nombre de secteurs, comme celui de l'aéronautique civile et militaire, vivent-ils du soutien de l'État, qui y consacre pas mal de deniers publics ; attribuer cette pratique au poids du complexe militaro-industriel ne sert à rien : les pays étrangers, notamment l'Amérique, ne s'en sortent pas autrement. Dassault n'est pas plus aidé que Lockheed ou McDonnell Douglas.

Il faut toutefois garder à l'esprit que la dépense publique, en la matière, échappe au jeu normal des contre-pouvoirs, et qu'il n'existe pas d'autres juges que la très puissante direction du budget du ministère des Finances. Tandis que le parlement est, là comme ailleurs, marginalisé, que les commissions d'enquête sont inexistantes et que les groupes de pression sont naturellement portés à la dépense corporatiste bien plus qu'à la revendication d'économie. Ce problème a été parfaitement résumé par Michel Crozier, dans une interview au *Monde*, texte dans lequel le sociologue, qui a attaché son nom à la définition d'un « État modeste », explique que dans une société aussi complexe que la nôtre, qui a de plus en plus besoin de collectif, le système de l'État « qui décide pour autrui, qui impose la décision collective, devient de moins en moins supportable ». Pour Michel Crozier, on pouvait supporter l'État impérial lorsqu'il s'occupait de peu de choses; mais lorsque le collectif est partout, sa gestion doit être renvoyée à des autorités beaucoup plus proches de la population; non seulement des autorités publiques, mais aussi des corps professionnels, et toutes sortes d'autres institutions.

Hier, la situation était schématique et simple. Nous étions dans un débat qui opposait la conservation au progrès. L'idée centrale, dominante en France, était de définir l'État comme principal acteur, et premier ordonnateur du changement, ou de la conservation. L'État était le lieu matriciel, moteur, décisif du changement, ou de l'immobilisme. Il y a encore dix ans, personne n'imaginait pouvoir influer en quoi que ce soit sur le devenir de la société sans prendre le contrôle de l'État, et de ses rouages. Cette vision-là reposait déjà sur une illusion. Mais nous vivions dans l'idée que là était le cœur du réacteur. Là, c'est-à-dire l'État jacobin, omniprésent, omnipotent. Et ce d'autant plus que de tous bords montaient des plaidoyers de plus en plus passionnés pour la défense de ce jacobinisme, seul capable de protéger la France pour les uns du retour de la religion, des luttes ethniques, du triomphe des intérêts particuliers, pour les autres de la jungle, du marché et du capitalisme sauvage. Cet étatisme hérité des rois et des jacobins faisait que l'on considérait qu'une fois conquis le cœur du système, il suffisait de décréter le changement.

Aujourd'hui, un autre mode de raisonnement s'est imposé. Il situe les facteurs de changement en dehors de l'État, et conduit à les rechercher d'une part du côté de la dynamique propre de la société, celle-ci étant elle-même en mouvement et en changement rapide; d'autre part, du côté des collectivités locales, excroissances de l'État à l'origine, devenues des acteurs à part entière; et enfin, à travers les mécanismes multilatéraux ou supranationaux, dont la construction européenne est le plus bel exemple. On en est donc venu à considérer que le mal français se situait bel et bien dans la faiblesse des acteurs sociaux, qu'il s'agisse des syndicats et des entreprises, des universités et des régions, et que le plus urgent était en France non pas d'affaiblir l'État, mais de renforcer la société.

Vaste ambition, là aussi! Car il faudrait réduire le pouvoir d'une élite trop étroite, sans doute trop fermée sur elle-même, et orienter la formation, surtout au niveau supérieur, vers la gestion des entreprises, vers l'innovation sociale et culturelle, plus que vers l'administration publique. Mais on ne voit pas aujourd'hui quelles sont les forces sociales qui pourraient réduire le pouvoir de l'État, hormis d'engager celui-ci dans une révolution à la mode thatchérienne. Mieux vaut cependant tenter de répondre à quelques questions simples, et inciter la droite et la gauche à clarifier leur définition de la place de l'État.

La première question est naturellement celle de savoir si l'on veut encore d'un État. Question que l'on peut formuler de façon différente, en s'interrogeant pour savoir si l'on veut garder une identité nationale forte, ou si l'on accepte de transférer celle-ci au niveau européen. En fait, plus on avance dans la construction européenne, et les difficultés de la ratification du traité de Maastricht le montrent suffisamment, plus il faut préserver l'identité nationale : lorsque celle-ci n'est pas, ou n'est plus assumée, elle dégénère en revendications toutes plus dangereuses les unes que les autres. Le passage obligé de l'identité nationale est et reste l'État.

La seconde question est alors de savoir comment l'on affecte des compétences à cet État. Chacun sera d'accord pour considérer qu'il continue de lui revenir de fixer la règle du jeu, et de la sanctionner lorsqu'elle n'est pas respectée. De ce point de vue, l'introduction progressive en France de la notion d'État de droit est un progrès considérable. Il faut en effet se rappeler qu'il est arrivé à l'État républicain de se comporter de façon dictatoriale. Reconnaître qu'il y a des principes supérieurs à la volonté momentanée d'une majorité politique constitue un progrès majeur. Un État digne et respecté doit donc être un État de droit. Mais l'État doit-il encore intervenir dans l'économie ? Nous marchons en ce moment vers un système de rétraction massive de l'État dans ce domaine qui touche ou va toucher tous les secteurs qui ont fait son expansion progressive, et dans lesquels désormais le secteur privé peut parfaitement prendre le relais. Le passage à la contractualisation de toute une série de fonctions étatiques s'imposera de la même façon, l'État définissant un cadre, mais confiant à d'autres la réalisation d'un certain nombre de taches, sur le modèle de ce qui existe déjà sous la forme de concessions de service public. Ce désengagement économique, accompagné de l'organisation de grandes fonctions contractualisées, ne signifie pas pour autant moins d'État. La problématique doit davantage être celle du « mieux d'État ». Car la puissance publique redécouvre la nécessité d'interventions nouvelles.

Exemple ? Les banlieues. Une politique réduite à l'effort des collectivités locales ne peut suffire. On ne peut se contenter de se reposer sur la bonne volonté du maire de Mantes-la-Jolie, ou bien sur les capacités de celui d'Épinay-sur-Seine. On ne peut pas davantage se contenter du rôle d'associations de quartiers pour mettre fin au mal de banlieues souvent à l'abandon. Engager une politique signifie donc détruire, pour reconstruire. C'est une tâche d'infrastructures que l'État est le mieux à même de prendre en charge, d'autant que ce faisant, il allège les coûts sociaux de l'économie et de la vie du pays tout entier. En fait société et État sont étroitement liés : le mal des banlieues révèle des craquements profonds dans la société française, mais aussi dans l'État, à travers deux de ses attributions premières, la police et la justice. L'entrée en révolte d'une partie des corps de l'État, de ceux-là même (juges, gardiens de prison) qui sont au contact de la France qui souffre, est en elle-même plus qu'un signal d'alarme.

Mieux vaudrait, dans ces conditions, accepter l'idée que dans la France du début du XXIe siècle (que l'histoire datera probablement de la fin de l'empire soviétique), un nouveau front s'est ouvert, celui de la pauvreté. Il faut, comme dans l'Amérique des années Kennedy, lui déclarer la guerre. Deux solutions s'offrent à nous : la « ghettoïsation », hélas déjà entamée, ou le retour de l'État. Le délabrement qui caractérise certains de ses services peut conduire l'État à se retirer de ces lieux à problèmes qui, comme dans l'Amérique des années Reagan-Bush, se transforment alors en zones à hauts risques, où s'établit une régulation spontanée qui est celle de la violence.

La tradition française commande au contraire de refuser ce retour à l'état sauvage, et de lui préférer celui de l'État régalien. Mais alors il faut que les gens que l'on envoie au front (enseignants, juges, policiers, aides sociaux, etc.) ne soient pas traités comme les gens de l'arrière; ceux qui acceptent de prendre en charge les zones défavorisées doivent être les nouvelles troupes d'élite de la République, et gratifiées comme tel, par des statuts *ad hoc*, des avantages réels. C'est le prix à payer pour que la France reste la France.

Ces champs nouveaux ne dispensent donc pas l'État d'assumer sa fonction régalienne, au contraire : ici l'État doit mieux fonctionner, être à la fois mieux défini et modernisé. Les fonctions de santé, de justice, de sécurité doivent continuer de lui appartenir en propre, mais à la condition qu'il puisse les assumer pleinement, et que donc les ressources nécessaires à la modernisation de ces tâches-là lui soient affectées.

Enfin, il est un autre domaine que l'État ne peut pas déserter : celui de l'emploi. Sera gagnant, dans la société politique de demain, celui qui sera crédible en disant : nous n'avons plus d'ennemis à l'intérieur, ni les patrons, ni les ouvriers, ni les immigrés; nous n'avons qu'un seul adversaire : le chômage. Ce qui signifie être capable d'organiser la société de façon que chacun se voit garanti non plus nécessairement un emploi, mais une activité. Cela suppose un changement profond, d'ordre culturel d'abord, car en France la culture industrielle fait obstacle à un certain nombre d'emplois ou d'activités considérées, parce qu'elles ne sont pas techniques, comme des « petits boulots »; cela implique ensuite que l'organisation et la répartition du temps de travail et de la chaîne de production elle-même soient modifiées : sait-on que la France est le pays d'Occident où le taux d'inactivité parmi les 55-59 ans est le plus élevé, alors que les 25-49 ans travaillent le plus, c'est-à-dire ceux-là mêmes qui auraient le plus besoin de dégager du temps libre ? Ces seules données montrent bien qu'il y a place pour une réflexion sur la répartition du temps de travail. Cela suppose également de concentrer le combat sur la durée du chômage. De ce point de vue, Pierre Bérégovoy n'avait pas tort de mettre l'accent sur les 900 000 chômeurs de longue durée, plutôt que sur le chiffre global de 3 millions de chômeurs. Le phénomène grave est celui de la longue durée, qui touche beaucoup de jeunes mais aussi des personnes qui, passé un certain âge, ne peuvent plus retrouver d'emploi : les autres chômeurs sont des éléments d'un système qui requiert une certaine souplesse, une certaine fluidité. Lorsque le chômage n'est qu'une situation d'attente, il convient bien entendu de le rémunérer et de substituer à cette situation une activité, mais celle-ci n'est que transitoire. Le gros œuvre, la tâche principale, concerne prioritairement les chômeurs de longue durée.

Le retour à l'État dirigiste serait cependant absurde, car il ne répond plus aux conditions de la société moderne. Ainsi en matière d'emploi, comme en d'autres, son rôle n'est pas nécessairement d'imposer par la loi : il lui faut d'abord mobiliser et convaincre, tâche éminemment politique, sur un projet, quitte à le faire avancer pas des expériences, des incitations. Comme le note Michel Crozier : « L'État qui commande c'est fini, car les gens n'obéissent plus... La liberté des personnes est telle qu'elles peuvent toujours échapper de toute façon aux règles. Les gens demandent chaque fois plus de règles, mais personne n'obéit plus aux règles. Il faut donc trouver d'autres moyens. »

L'État doit donc être présent dans la protection de l'individu, le domaine des grandes infrastructures, de l'aménagement territorial, de la règle du jeu économique et social, le respect des droits collectifs. Mais la difficulté de la France aujourd'hui est que le travail de déconstruction de l'ancien État dirigiste n'est pas achevé. Tous les grands secteurs traditionnels de l'État sont d'ailleurs en crise, l'ont été ou le seront : l'Éducation nationale bien évidemment, la justice, l'armée. Au point qu'il n'est pas absurde de considérer que ce travail-là n'étant pas achevé, l'État, dans les prochaines années, risque de ressembler à la sidérurgie des années 80.

Mais à quel rythme déconstruire ? Avec la vigueur d'une Mme Thatcher ? Alors on est à peu près sûr de récolter un champ de ruines. Le démembrement de l'État corporatiste et la déréglementation sont en effet les changements les plus importants des années Thatcher, celle-ci étant allée, dans son zèle anti-étatique, beaucoup plus loin que le président américain. Pourtant chacun a bien pu constater que cette croisade contre le dragon étatique a débouché sur une concentration du pouvoir financier... entre les mains de l'État. Ces réformes ont provoqué quelques solides désastres sociaux, qui se sont d'ailleurs traduits violemment et douloureusement dans la rue. C'est ainsi que la presse britannique a relevé que la loi sur le vagabondage, adoptée en 1824 pour combattre le « fléau » que représentaient les anciens soldats que les guerres avaient laissés sans ressources sur le pavé des villes, connaît une nouvelle et triste jeunesse. La plupart des « nouveaux pauvres » sont jeunes, sans abri et sans ressources. Ils ne sont que la partie la plus visible d'un phénomène créé par la politique du « tout-libéral » des conservateurs et le démantèlement des structures de l'État-providence, ce *welfare-state* qui porta un temps l'Angleterre à l'avant-garde du progrès social et qui conduit à l'appauvrissement constant des couches vulnérables de la population.

Ces réformes ont aussi abouti, sur le plan politique, à une concentration du pouvoir dans les mains du Premier ministre et du ministre des Finances. Le gouvernement britannique a en effet écrasé les pouvoirs locaux tandis que la crise des industries traditionnelles affaiblissait les grandes métropoles de Grande-Bretagne.

Ainsi sur aucun plan le bilan de cette déconstruction-là n'est-il satisfaisant. Elle ne saurait être un modèle. Mais attention : ce débat est encore devant nous. Il sera particulièrement difficile. Car il va falloir demander aux Français d'être plus solidaires, aux fonctionnaires d'être moins protégés, aux professeurs d'être plus actifs, aux étudiants de prendre plus de risques, bref aux citoyens d'être plus conscients des enjeux collectifs et de savoir consentir des efforts pour les progrès de tous; les Français auront davantage que par le passé à prendre en charge le progrès, dans la mesure où il reposera davantage sur le dynamisme de la société elle-même, sa compréhension de la situation et les sacrifices qu'elle pourra y consentir, plutôt que par des décrets régaliens qui seraient, de toute façon, sans effet. Par rapport aux années où toute la droite s'engageait sur la voie du « moins d'État » et de la réduction systématique des dépenses publiques, le changement de climat est cependant perceptible. Dans le temple même du « trop d'État » que sont les États-Unis, le délabrement des services publics mais aussi le problème de la dette et les taux d'intérêt démentiels avaient contraint George Bush à

augmenter les impôts, même si pour des raisons électorales il a dû, avant l'échéance présidentielle, promettre à nouveau le contraire. En Grande-Bretagne,
Mme Thatcher n'a pu se maintenir, en raison des
effets de sa politique. En France, les principaux avo-
cats de la thèse du dépérissement de l'État continuent certes à théoriser la réduction de la part globale de celui-ci, mais ils sont bien conscients que
face aux détails des revendications, à leur multiplication, un certain nombre d'efforts de la puissance
publique continueront d'être nécessaires.

Ce recentrage n'est pas, d'un point de vue idéologique, défavorable à la gauche. A cela près que dans
une Europe où le modèle libéral de l'État minimum
est dominant, il est et il sera difficile aux socialistes
de déroger aux règles sacro-saintes de la gestion
rigoureuse de l'État et du secteur public. En fait, au-
delà du constat d'impuissance dressé par Lionel Jospin et d'une réflexion de bon sens, selon laquelle il
ne faut pas mettre à terre ce qui reste sans s'assurer
que les contours d'un État plus moderne soient dessi-
nés d'un main sûre, il est clair que les repères, dans
ce domaine aussi, n'existent plus. Le refuge nostalgique que les uns croient trouver chez Jules Ferry,
les autres chez Charles de Gaulle, ne dispensera pas
d'une réflexion sur la décomposition de l'État traditionnel et sur la nécessaire recomposition autour
d'un État qui aura mieux défini son rôle régulateur
et qui cohabitera avec une société plus autonome. Il
ne faut pas non plus oublier qu'au XIXᵉ siècle la
France était, aussi paradoxal que cela puisse paraître,
plus libérale que la Grande-Bretagne. Celle-ci avait à
l'époque des responsabilités mondiales qui échap-
paient, pour les raisons historiques que l'on sait, à la
France. Notre pays avait donc moins de fonctionnaires, et moins de prélèvements fiscaux que la
Grande-Bretagne. La France n'a commencé à déve-

lopper son État, à investir celui-ci dans la logique économique, que lorsqu'il lui a fallu supporter la concurrence avec l'Allemagne après 1871. La montée de la puissance étatique correspond en même temps à la montée des nationalismes et nous a permis, après chaque épreuve, de maintenir un rôle qui ne correspondait peut-être plus à l'état de nos forces. Il ne faut donc pas perdre de vue que l'État a, à certaines époques, tenu la nation à bout de bras.

Refaire l'État, aujourd'hui, puisque telle est l'urgence du moment, conduit donc à en restaurer la légitimité, à en moderniser les instruments, et à valoriser les hommes qui le servent. L'homme qui avait tout misé sur la conquête de l'État central, et son maniement à des fins transformatrices, laisse en effet ce même État contesté jusque dans sa légitimité. Nous sortons d'une période où l'État était constamment valorisé, au point d'attirer à lui le meilleur de la nation, et d'être systématiquement appelé à la rescousse d'un marché défaillant – de ce point de vue le jeu de rôles français a toujours été inénarrable, consistant pour les patrons à entretenir un discours antiétatique dans les périodes fastes, et à solliciter constamment l'aide de l'État dans les périodes plus difficiles – à une période où la puissance publique est considérée comme suspecte, tandis que ses actions sont taxées d'inefficacité et soupçonnées d'être attentatoires aux libertés. Les deux grandes tendances lourdes de notre époque – la décentralisation et les privatisations – symbolisent parfaitement l'état d'esprit actuel et le retrait de l'État qui en est la traduction. Pour pouvoir mettre sur pied de nouvelles formes d'intervention étatique, quitte à en abandonner d'autres, il faut commencer par réhabiliter l'État. Il est donc urgent de corriger un système qui crée, ni plus ni moins, un État à plusieurs vitesses, constamment coupable d'iniquité.

Cela peut conduire, non à l'arrêt ou au freinage, mais à un meilleur contrôle du processus de décentralisation. On ne peut donc faire l'économie d'une réflexion sur les différents niveaux d'administration du territoire pour déboucher, à partir d'une question simple – quelles sont les collectivités réellement utiles au pays? – sur une « nuit du 4 Août administrative », comme le souhaite Raymond Barre. Car il existe, en France, un échelon de trop et un échelon manquant; une collectivité superflue, et une autre à réinventer. L'Europe qui se construit est non seulement celle des États, mais de plus en plus aussi celle des régions. Ce sont elles qui sont appelées à redessiner, qui structurent déjà, le paysage européen. C'est entre elles que se créent les flux et les réseaux qui vont animer un développement interrégional : déjà Toulouse et Montpellier regardent vers Barcelone, Lyon veut une liaison supplémentaire et plus rapide vers Milan, les conseils régionaux de Lorraine, de Sarre et de Walonnie coordonnent leurs initiatives. Il serait plus rationnel, et plus efficace, de redécouper le paysage régional en une dizaine de régions, de force à peu près égale, plutôt que de laisser subsister les vingt-deux collectivités actuelles, dont certaines, de l'aveu même de leur dirigeant, n'offrent pas les ressources et les possibilités suffisantes pour un développement harmonieux, et entre lesquelles les inégalités demeurent très fortes. Une France en dix régions, certes, mais à la condition de supprimer le département, institution deux fois séculaire, qui pourrait aisément se fondre dans des ensembles régionaux plus forts et plus cohérents, à l'histoire plus ancienne encore, n'étaient les pesanteurs politiques (chacune des assemblées départementales nourrit un nombre confortable d'élus) et sociologiques, qui ont toujours annihilé les velléités réformatrices d'un Pierre Mauroy ou d'un Raymond

Barre dans ce domaine. Il est vrai que François Mitterrand est un obstacle de taille : il est lui-même farouchement attaché aux départements, comme il l'est d'ailleurs aux cantons ruraux et aux communes minuscules, dans lesquels il continue de voir battre le cœur du pays.

En revanche, il faudrait inventer une collectivité qui permette de faire naître une véritable politique de l'agglomération. Outre les multiples problèmes qui les assaillent, les banlieues ont été les grandes perdantes de la décentralisation, car elles n'y ont gagné aucune ressource nouvelle et ont été prises dans un enchevêtrement de niveaux d'administrations et de politiques cumulatifs, qui n'ont en rien évité la crise, quand ils ne l'ont pas aggravée. A ce stade, il faut craindre qu'après le malaise des banlieues et des grands centres urbains n'apparaisse un phénomène de paupérisation des agglomérations moyennes, tandis que continuerait de croître la prospérité des départements.

Il existe évidemment un moyen de conserver le département, tout en réformant profondément notre système : il faudrait alors fusionner le département et les structures de coopération intercommunales, et bien des départements de « pays », pour sauvegarder le tissu et le milieu rural, et créer des départements-communautés urbains en agglomération, les uns et les autres étant soumis à la tutelle de la région. Mais quoi qu'il en soit, il faut agir. L'une des tâches du premier gouvernement de l'après-Mitterrand devrait donc être d'ouvrir ce chantier-là, afin de redéfinir un équilibre entre les collectivités elles-mêmes, puis entre celles-ci et l'État, qui soit en harmonie avec les perspectives de l'Union européenne.

Rendre sa légitimité à l'État conduit également à mieux circonscrire son rôle dans l'économie, plutôt que de se laisser emporter par le mouvement qui tend à l'en retirer complètement; comme si, à la « fin de l'histoire », devait inévitablement faire écho une « fin de l'État », le capitalisme triomphant réalisant ainsi, comble de l'ironie, la fin ultime du marxisme ! Le mouvement de privatisation est naturellement appelé à s'amplifier, d'une part parce qu'un certain nombre d'activités, aujourd'hui dans le secteur public, fonctionnent selon les normes du secteur privé, et qu'il y a plus de raisons de mettre celles-ci en harmonie avec la réalité qu'il n'y en aurait de ne pas le faire, et d'autre part parce que les budgets nationaux sont de plus en plus difficiles à boucler. Les privatisations offrent une manne que personne, ni à gauche, ni à droite, n'entend négliger. Le secteur public aujourd'hui est trop lourd et trop large, vivant le plus souvent selon les règles du privé, sans en avoir les ressources. Il est donc souhaitable de concevoir un secteur public moins étendu, mais plus fort, plus riche et plus dynamique.

Encore faut-il que l'État retrouve des instruments dignes de ce nom et que soient réparés les dégâts commis, ici, par la gauche. Longtemps le pays a vécu dans le culte de la planification à la française. Celle-ci lui a en effet permis de se reconstruire rapidement, après la Libération. Nous vivons maintenant dans un système où le marché est plus dynamique, plus performant, davantage sollicité, dans lequel il ne serait pas tout à fait inutile d'éclairer les stratégies à long terme des acteurs économiques et sociaux. Or, la gauche a détruit la planification, c'est-à-dire l'instrument qui hier donnait un sens aux nationalisations et des perspectives d'action à l'État, et qui pouvait, désormais, être le plus utile au marché. Cela n'empêche nullement les orateurs politiques de la gauche de battre les estrades en expliquant qu'avec eux le marché est corrigé et contrôlé, tandis qu'avec la droite... Qu'il s'agisse d'environnement, d'infrastructures, de banlieues, ou même de la qualité du dialogue social, la planification est utile et devrait être réhabilitée.

De même la gauche a réduit à peu de chose les instruments dont disposait l'État en matière d'aménagement du territoire; elle s'est réveillée dix ans plus tard avec un programme de « délocalisations » bâti à la hâte, au vu des effets pervers de la décentralisation, principalement des inégalités entre les différentes parties du pays. La Communauté européenne n'a pas comblé le vide, bien qu'elle soit qualifiée pour cela : son aide a été principalement dirigée vers le sud de l'Italie, la Grèce, le Portugal et l'Irlande, plutôt que vers la Corse ou le Massif central. Il a donc fallu attendre l'épisode courtelinesque des « délocalisations » pour voir réapparaître cette préoccupation.

De même encore, les instruments sociaux de l'État se sont affaissés. L'État et la classe politique, qui tiraient une bonne part de leur autorité de leur pouvoir d'arbitrage et souvent de leur alliance avec les salariés – toutes couleurs politiques confondues – contre un patronat réputé obtus et rétrograde, ne sont plus en mesure de tenir ce rôle-là.

Un État-prophète, un État-arbitre, un État riche et efficace dans les domaines qui lui seront concédés : tel devrait être l'idéal républicain, à la condition que les hommes qui se mettent à son service en soient convenablement remerciés. Curieux pays que le nôtre : il fait le procès de la technocratie, alors même qu'avec le mitterrandisme s'achève paradoxalement le règne de l'énarchie. Sans doute les énarques n'ont jamais été aussi nombreux au gouvernement. Mais les jeunes énarques, eux, n'ont jamais été aussi pressés de quitter le service de l'État pour rejoindre les états-majors, tellement plus attractifs, des grands groupes privés. Au point qu'il va bien falloir organiser le retour d'une partie de l'élite vers l'État. Le risque de la situation actuelle réside moins dans la domination de la technocratie que dans la perte de statut social des hauts fonctionnaires, qui entraîne inévitablement la politisation des carrières. Ceux qui acceptent de rester, dans les conditions matérielles qui leur sont consenties, sont bien souvent ceux qui sont politiquement liés au pouvoir en place. Si les ministres doivent être davantage qu'aujourd'hui des responsables politiques (trop souvent en effet ils se comportent en porte-parole de leur propre technostructure et s'abritent derrière celle-ci pour échapper à la mise en cause de leur responsabilité), les hautes fonctions administratives doivent être revalorisées et réhabilitées. Elles ne provoquent plus aujourd'hui les motivations d'autrefois, leurs titulaires se jugeant dépossédés par l'entourage politique des ministres, tandis que ces derniers se cachent derrière leurs échelons administratifs lorsque les choses tournent mal. Cette situation absurde mine l'État de l'intérieur.

Ainsi, dans tous les domaines de l'action étatique, il faut une vaste entreprise de clarification des responsabilités : là où l'État doit intervenir, qu'il ait les moyens de le faire ! Là où les ministres sont en charge, qu'ils assument !

Quant à la gauche et à la droite, ou si l'on préfère à la mouvance du progrès et au camp des libéraux, ils tiennent là une bonne occasion d'élever le débat. L'une et l'autre seront en effet conduites, par la force des choses, à redécouvrir l'État, à un moment pourtant où celui-ci est jugé inefficace. La droite tentera de reprendre le chemin de celui-ci par le biais du thème de l'autorité, la gauche par celui de la protection. Il est sûr, en tout cas, que le passage de l'État-providence à l'État-gestionnaire, avec pour seul modèle de référence celui de l'entreprise, loin d'aboutir à une réduction du poids de l'État, peut conduire à une régression dangereuse. Car il y aura toujours une police, une armée. Et l'État sera d'autant plus puissant que le citoyen continuera de se dépouiller de sa « citoyenneté », pour n'être qu'un consommateur, fût-il, de temps à autre, un consommateur politique.

Chapitre 9

RECOMPOSER LA FRANCE

La démocratie est un combat. L'alternance est sa respiration. Tout pouvoir est donc voué à la défaite. De Gaulle fut vaincu. Pour la France, le temps est venu de tourner la page Mitterrand.

Toute politique, certes, a sa part d'échec obligé, surtout lorsqu'elle se veut ambitieuse, transformatrice. A celle-ci s'ajoute, à l'égard de la gauche, une exigence particulière, un idéal d'autant plus vite converti en reproche qu'il était élevé. Elle explique le caractère excessif de certains jugements. Reprocher en effet à la gauche au pouvoir, et en particulier à François Mitterrand, d'avoir trahi nos rêves, n'est-ce pas une bonne façon de continuer à penser en termes d'illusions, de programme irréaliste, ou d'utopie ?

Plus difficile à admettre est cette double dépendance – d'un Dieu, par définition, on attend des miracles ; quant à l'oncle (« Tonton »), il n'est jamais qu'un père irresponsable –, traduction d'un penchant national qui nous conduit à répondre aux mutations du pays par l'immaturité ou la régression, c'est-à-dire par une vision charismatique du pouvoir, au bénéfice de son titulaire. Outre que cette attitude n'est pas précisément le bon moyen d'obtenir une plus grande fécondité démocratique, elle recèle son propre piège : lorsqu'un homme n'a plus les moyens politiques – ceux de la confiance – d'exercer sa domination, il engendre lui-même un sentiment d'abandon. Des forces qui avaient permis à ce président de l'emporter se sont donc trouvées immobilisées : voilà bien un élément de réflexion qui conduit à poser en termes différents la question présidentielle, préalable, en France, à tout espoir ou effort de recomposition.

Celle-ci est devenue la tarte à la crème. Elle vient naturellement à l'esprit dès lors que l'on observe une décomposition politique. Aussi est-elle le plus souvent décrite en termes « politiciens » : ici on voudrait rassembler les « républicains », généralement nationalistes, en un assemblage sympathique mais un peu ringard de marxistes repentis, de laïcards fourbus, et de bonapartistes nostalgiques; là on espère regrouper les « démocrates », globalement européens, qui s'arrogent le monopole de la modernité et qui ne sont jamais que les modérés de chaque camp. L'un et l'autre projet sont voués, dans l'immédiat, à se briser sur le mur du système électoral, et sur des réflexes identitaires plus forts qu'on ne croit.

La recomposition du paysage politique est pourtant, évidemment, indispensable. La dynamique identitaire, qui s'oppose, comme partout en Europe, à la dynamique communautaire, traverse toutes les formations politiques. Le national-populisme n'est pas le monopole du Front national. La démarcation entre la droite et la gauche, entre la réaction et le progrès, entre la conservation et le changement, entre le repli et l'ouverture, ne correspond plus aux frontières des partis. Le risque existe – il a été entrevu lors de la campagne référendaire européenne – que le camp de la peur ne soit un jour majoritaire, et n'emporte tout l'édifice. La nouvelle ligne de partage recouvre une sorte de « front de rupture », pour reprendre l'expression d'Olivier Duhamel, qui existe déjà aux États-Unis. Il sépare, sur des questions de société, les répressifs et les permissifs. Les premiers, par exemple, refusent l'avortement, aspirent au maintien des hiérarchies traditionnelles, militent pour la restauration de la peine de mort. Les seconds mettent la tolérance au plus haut, exigent le respect des minorités nationales ou sexuelles. Ce clivage, selon Olivier Duhamel, recoupe assez bien celui qui oppose nationalistes et pro-européens. A l'ancienne partition droite-gauche, capitalisme-socialisme, tend donc à succéder une nouvelle bipolarité : europermissifs contre nationaux répressifs.

Le bipartisme idéologique d'hier, celui auquel s'accrochent les partis, correspondait aux grandes options nées avec la « guerre froide », et à une phase de stabilisation dont l'agent unificateur a été, incontestablement, le système d'État français, la haute technostructure du pays, dont l'ENA est l'expression la plus achevée : celle-ci avait « recomposé » avant l'heure les élites politiques, en développant chez elles une culture, une approche et un moule communs. Ce système a eu des vertus intégratrices : le fascisme, celui de l'OAS, et le gauchisme, celui de Mai 68, ont été résorbés dès le début des années 70. C'est l'époque où Jean-Marie Le Pen était dans l'incapacité de se présenter aux élections européennes, faute de signatures permettant de cautionner sa démarche, et dans l'impossibilité de concourir à l'élection présidentielle de 1981, faute d'argent pour financer sa campagne. Les douze années de pouvoir de François Mitterrand ont porté un coup fatal à cet édifice.

La démonstration du caractère artificiel des frontières politiques n'est plus à faire : le Parti socialiste, cruellement isolé, ne rassemble plus « la gauche »; il

225

ne satellise plus personne. Les appels à la « discipline républicaine » n'ont plus guère de sens. Les élites de la gauche ne se distinguent plus de celles de la droite. Le meilleur exemple en a été fourni par la campagne pour le référendum sur la ratification du traité de Maastricht. Jack Lang avait, pour celle-ci, mobilisé le banc et l'arrière-banc des milieux artistiques certes, mais aussi intellectuels et patronaux. Il était en cela dans son rôle. Mais l'on apercevait aisément que cette strate supérieure de la société se serait autant mobilisée pour tout autre gouvernement – il y en eut d'autres, en effet – partisan d'une France ouverte et libérale.

Libérale, européenne, mais aussi sécuritaire, telle est bien une droite qui est en droit de considérer qu'elle a gagné la partie, et qu'il ne lui reste plus qu'à ramasser, au plus vite, la mise électorale. La fracture qui s'est manifestée à l'occasion du référendum européen entre les leaders de toutes les formations de la droite, d'une part, Charles Pasqua et Philippe Séguin, d'autre part, n'est pourtant que l'un des signes que, de ce côté-là, seule la rénovation pourra, à terme, éviter l'explosion. Se rénover, cela veut dire, au minimum, sortir... du mitterrandisme ! En d'autres termes abandonner cette lutte stérile et désuète contre une gauche qui n'existe plus, être autre chose qu'une machine à combattre un homme, François Mitterrand, pour susciter enfin l'adhésion autour des grandes réformes et d'hommes neufs capables de les assumer.

Pour la gauche, la recomposition est d'une tout autre ampleur : il ne s'agit plus simplement de se rénover mais bien plutôt de refonder la maison. Cela n'ira pas sans le deuil d'une certaine façon d'organiser et d'occuper le pouvoir, liée, pour le coup, à un homme, à ses amis, à ses réseaux. Au-delà, il faudra répondre à la question de savoir si elle peut inventer une idéologie des classes moyennes.

Pour aller au plus simple, sinon au plus fondamental, l'idéologie de la gauche doit rester liée à l'idée d'égalité. Le malheur est que l'égalitarisme avait été capté, et détourné, par le marxisme, tandis que la droite s'appropriait le libéralisme. Il lui faut donc inventer la social-démocratie de l'an 2000, et marier liberté et solidarité, libéralisme et égalitarisme. Exemple? Une révolution, pas n'importe laquelle, s'est faite contre un système qui distinguait l'élite dès sa naissance. Une autre peut naître du constat que tout se joue à vingt ans, que l'accès à l'élite est bloqué à cet âge, sur des critères où la reproduction tient une part trop grande, quand ces mêmes élites ne cessent d'imposer à la société une mobilité, une précarité de plus en plus grandes. Voilà bien un champ à défricher, pour retrouver le ressort social-démocrate, le repenser en termes de redistribution des chances plus que des revenus, de protection des exclus plus que d'avantages acquis. Cet enjeu-là est naturellement plus important que la recherche de configurations politiques bizarres – du type rouge-rose-vert –, qui ne seront que des expédients tant que le socle idéologique n'aura pas été repensé.

Repenser, refonder la gauche; rénover, réorganiser la droite : plus que l'alternance – par ailleurs toujours salutaire en démocratie –, ces deux opérations sont nécessaires si l'on veut retrouver une vie publique qui tienne le choc; elles sont un préalable à toute véritable recomposition. Celle-ci pourrait, dans l'idéal, procéder d'un constat : personne, aucune force politique française, ne peut prétendre seule à une majorité homogène. Là encore, le référendum sur Maastricht a été un bon révélateur de l'état des lieux : le « oui », si faiblement majoritaire, reflète, à peu de choses près, l'audience des partis de gouvernement. Il y a seulement dix ans, celle-ci atteignait

80 % du corps électoral. Aujourd'hui, elle franchit difficilement la barre des 50 %. Mais c'est la seule majorité réelle qui existe dans le pays! La droite seule a besoin des voix de l'extrême droite : qu'y a-t-il de commun entre un Valéry Giscard d'Estaing ou un Jacques Chirac, et un Jean-Marie Le Pen? La gauche, quand bien même elle serait unie, quand bien même elle serait l'alliée des écologistes, a besoin d'alliés à droite.

Conclusion? La seule voie raisonnable, rationnelle, serait celle qui verrait la mise sur pied, pour un temps déterminé, sur un programme de réformes précis, d'une grande coalition des partis de gouvernement. Après tout, la solution qui permit à l'Allemagne fédérale, après la retraite d'Adenauer, d'asseoir la démocratie pourrait bien servir, en France, à remodeler un système par trop imparfait.

Quand bien même cette voie-là serait considérée comme irréaliste – elle l'est en effet car, comme on dit, les esprits ne sont pas « murs » – il en existe une variante. Car deux logiques sont à l'œuvre. L'une est la continuation de la tradition saint-simonienne. Elle prône la conjonction des élites, et peut déboucher, à partir de l'idéal européen, sur une union comprenant un Parti socialiste épuré de son aile archaïque (mais c'est déjà chose faite avec l'éloignement progressif de Jean-Pierre Chevènement et de son Mouvement des citoyens), une UDF restructurée autour de son pôle « libéral-social », excluant donc les tentations poujado-autoritaristes d'un Philippe de Villiers, une fraction des écologistes, ceux qui pensent en termes de souhaitable et non de « projet global ». Ce serait un peu le gouvernement du juste milieu, celui des élites, une sorte de transposition élargie, au sommet de l'État, de l'attelage qui guida l'Europe pendant plusieurs décennies. L'autre logique est celle d'un « thatchérisme » français, un gouvernement de droite dur, reconquérant la majorité en annexant, autour d'un fort noyau RPR, des déçus du socialisme et le plus clair des forces électorales du Front national, ces dernières étant incitées à « blanchir leurs voix », à les rendre à nouveau respectables en revenant dans le giron de la droite dite traditionnelle. Cela nous vaudrait vraisemblablement des campagnes du type de celles que conduit George Bush aux États-Unis, une façon stridente et parfois virulente de revendiquer le conservatisme.

L'obstacle sur la route des nouveaux saint-simoniens est que leur schéma suppose quand même un PS redevenu attractif; tandis que ceux qui seraient tentés de voir en Charles Pasqua, par exemple, un émule de Margaret Thatcher courent le risque de rester minoritaires au sein d'une droite qui a évolué, de rencontrer un patronat hostile, car les options modernistes tendent à y devenir majoritaires, et de se heurter à Jean-Marie Le Pen, lequel ne peut pas ne pas voir venir ses adversaires avec leurs gros sabots... Bref, là encore, la recomposition n'est pas pour demain.

Alors que faire ? Nous sommes là au cœur du problème politique français. Le clivage gauche-droite bipartisan ne correspond plus à la réalité, c'est une affaire entendue. Pourtant, il continue largement à structurer les comportements des acteurs, et des électeurs. Les pesanteurs sont telles que les succès électoraux passent encore par le respect de normes anciennes, même si celles-ci sont écornées. Et cependant il n'est plus possible de gouverner sur ces bases électorales-là! Toute la difficulté française réside dans cette déconnexion, ce découplage entre les clivages qui fondent électoralement les majorités – droite-gauche – et ceux qui déterminent l'action politique, opposant le plus souvent les libéraux, qu'ils soient ou non sociaux, aux populistes, qu'ils soient ou non nationaux, ou si l'on préfère un parti libéral-social à un parti industrialiste jacobin.

En somme, on est élu comme d'habitude, on gouverne autrement.

Maints exemples de cette situation ont été donnés depuis 1988. Sur de nombreux projets, pour pallier l'absence d'une majorité « de gauche », les gouvernements Rocard, Cresson ou Bérégovoy n'ont eu d'autres ressources que de trouver des soutiens « à droite », établissant des compromis partiels (socialistes-centristes) ou élargis (ensemble des partis de gouvernement : PS – RPR – UDF). Surtout, sur les questions fondamentales, celles que l'on dit « de société », les majorités n'ont été que rarement conformes à la séparation idéologique traditionnelle, et ce bien avant 1988 : l'abolition de la peine de mort, en 1981, avait vu une forte minorité de l'opposition, dont Jacques Chirac, joindre ses voix à celles de la gauche. En 1974, la loi Veil sur l'interruption volontaire de grossesse n'était passée que grâce à l'appui massif de la gauche, puisqu'une part seulement de la majorité de droite avait approuvé cette réforme giscardienne. Même constat sur les grandes questions internationales : la guerre du Golfe avait permis de dégager une majorité, là encore, de gouvernement, face au Parti communiste, celle-là même qui, amputée de dissidents de droite, permettra la ratification du traité de Maastricht. Les exemples ne manquent donc pas de majorités transversales qui transcendent la bipolarité traditionnelle : à l'heure où celle-ci a perdu ses principales références, n'est-il pas temps de passer à une autre étape où les clivages seraient moins artificiels ?

Force est de reconnaître que les catégories « de gauche » et « de droite » préexistent à leur contenu ; que les acteurs politiques ne sont eux-même pas libres de les manipuler à leur guise, car, comme l'écrivait le regretté Frédéric Bon, « la langue politique peut survivre très longtemps aux conflits qui l'ont engendrée ». De là à tenir pour inévitable un certain archaïsme politique, il n'y a qu'un pas que François Mitterrand avait franchi le premier, avec le succès que l'on sait.

Mais à l'heure où l'individualisme commence à trouver sa traduction dans les comportements électoraux, où une part de moins en moins négligeable de l'électorat devient « volatile », où la politique, descendue de son piédestal, ne promettant plus de destination fantasmatique, est entrée dans la sphère de la consommation et dans l'époque de l'examen du rapport qualité-prix, n'est-il pas temps de changer, de secouer le carcan, de tenter de rapprocher l'offre politique de la demande des citoyens ?

Nous touchons cette fois au paradoxe français. Pour tenter une recomposition, comme pour répondre au besoin de changement, de fluidité, de renouvellement permanent qu'exige la société de consommation politique, il faut en appeler à l'institution qui symbolise et incarne la rigidité du système : le président de la République. Il est celui qui provoque les changements politiques à l'occasion de son élection, et celui qui ensuite organise le changement, ou consolide la rigidité. Si l'on veut recomposer le paysage politique, comme si l'on veut réformer la République, il faut à la tête de celle-ci un homme qui parvienne à se sublimer, pour engager le pays dans cette voie. Pour passer de la monarchie viagère, pesante et confinée qui est la nôtre à une monarchie véritablement constitutionnelle, c'est-à-dire équilibrée, il y faut le sacrifice, l'effort du monarque sur lui-même. François Mitterrand y a renoncé. Jacques Chirac ou Michel Rocard seront-ils à la hauteur de cet espoir ?

L'atout de l'un comme de l'autre est – autre paradoxe – qu'ils sont solidement inscrits dans le paysage politique national. Non que d'autres eussent été médiocres : de ce point de vue le combat idéal consisterait à opposer les deux meilleurs, Jacques Delors à Raymond Barre ; tandis qu'une confrontation entre Édouard Balladur et Pierre Bérégovoy ne manquerait ni d'intérêt, ni de hauteur, car les hommes sont de qualité, ni de piquant, car le premier viendrait armé de son « dictionnaire de la réforme » tandis que le second se poserait en gardien des acquis ; et nous aurions face à face l'homme de confiance de Pompidou, et celui qui aurait pu être le Pompidou de Mitterrand, tant il a révélé son aptitude à gouverner ; enfin on pourrait s'armer de patience et attendre, bien sûr, le « choc du futur », Léotard-Fabius.

Mais Jacques Chirac et Michel Rocard sont les mieux placés, pour autant que l'on dispose d'une visibilité suffisante. Ils sont familiers à tout un chacun. Le pays a eu tout loisir de les observer, de jauger leurs performances, de juger de leur aptitude à exercer la fonction suprême. Il n'ignore plus que Jacques Chirac est la vitalité même, toujours prêt à « remonter sur son cheval », toujours vaillant, toujours en mouvement au point de ne jamais prendre le temps de la réflexion, abandonnant à d'autres les idées, se réservant le pouvoir. Il sait de Michel Rocard, rebaptisé Lancelot du lac par Alain Duhamel (Jacques Chirac étant Pardaillan), qu'il a bâti sa réputation sur le « parler vrai », qu'il s'est toujours montré irrésistible... entre les échéances, comme pour préserver sa vocation d'éternel adolescent, lui aussi toujours prêt à bondir, mais sur une idée que sur une place. De Jacques Chirac, ses amis veulent donner l'image d'un homme chaleureux, capable de compassion, amical, à cent lieues de celle de « facho-Chirac » dont la légende l'avait abusivement affublé. De

Michel Rocard, nul ne conteste qu'il ait du brio, et une forme d'intelligence – tranchante, rapide, organisée – qui plaît aux Français. Mais l'homme, pour sympathique qu'il soit, est, dans sa vie publique, sans affect, et manifeste une propension à la gaffe qui a toujours alimenté la petite chronique mitterrandiste (l'appel de Conflans-Saint-Honorine, en octobre 1980, par lequel il se déclarait tristement candidat avant de devoir se retirer, son idée d'envoyer la flotte française en mer Baltique pour arrêter la normalisation de la Pologne, etc.).

Pourtant Michel Rocard et Jacques Chirac ont évolué, l'un au contact de la charge de Premier ministre, grâce à François Mitterrand, l'autre sous le choc d'une cuisante défaite électorale, en 1988, face à François Mitterrand. Michel Rocard au gouvernement a surpris : il n'a pas gaffé, infligeant par son sang-froid le meilleur démenti possible à la légende qui faisait de lui « un p'tit mec qui n'a pas de nerfs », mais il n'a pas foncé, ni changé la société comme on aurait pu attendre du pape de la « deuxième gauche » qu'il le fît. Si bien qu'il ressemble moins, désormais, à un intellectuel égaré en politique, à un théoricien se complaisant dans un jargon abstrait : il a appris, et servi. Mais il y a laissé son originalité, sa spécificité, sa différence. Jacques Chirac, lui aussi, s'est révélé là où on ne l'attendait pas. En disant, à quelques mois d'intervalle, successivement « non » à Le Pen et « oui » à Maastricht, il a rempli son contrat de présidentiable acceptable pour les modérés ; il a choisi le long terme, là où hier il pensait tactique. Il a forgé un nouveau personnage, moins clientéliste, sachant s'élever au-dessus d'un intérêt partisan, quitte à affronter ses propres troupes.

Cette capacité d'évolution dont ont fait preuve les deux candidats prévisibles à la succession de François Mitterrand n'est toutefois pas totalement rassurante, si l'on considère comme prioritaires la réforme de la République et la restauration de l'État. Car l'un et l'autre peuvent rester prisonniers de leurs partis, auxquels ils doivent leur situation privilégiée dans la course présidentielle.

Ces formations politiques vont légitimement tenter de se sauver à l'occasion du scrutin présidentiel : incapables de changer le monde et la vie quotidienne, ils reportent tous leurs espoirs sur la première compétition nationale et sur les bénéfices afférents. C'est là que le bât blesse : Jacques Chirac porte avec lui le risque de la restauration d'une partitocratie gaulliste, en lieu et place de la partitocratie socialiste ; Michel Rocard, manquant de relais sociaux (associatifs, syndicaux et politiques, car son propre courant représente peu de chose) aura du mal à s'abstraire des intérêts de la machine fabusienne, qui n'est jamais que la perpétuation des réseaux mitterrandistes. A moins de créditer l'un et l'autre d'une puissante capacité – qui reste à démontrer – à s'élever sensiblement au-dessus du lot.

Ils n'auront pas trop de celle-ci pour affronter ce qui sera, ce qui est déjà, la difficulté majeure de cette « France sans Mitterrand » qui s'ébauche : le concept français d'État-nation, celui qui a fondé notre être collectif, n'est pas exportable. Il y a dissociation entre la vocation universelle que le pays croit devoir assumer, et l'inaptitude du modèle français à s'appliquer en Europe, désormais le cadre principal de notre action. Ce décalage entre l'édifice européen et le modèle grâce auquel la France a, historiquement, assuré son unité, constitue en lui-même un formidable défi. Le prochain président, s'il est un homme convaincu que la France doit continuer de poser une question universelle, ne pourra pas le faire à partir d'une tradition nationale. Il devra inventer. Il lui reviendra aussi de tenter non pas de restaurer mais de redéfinir le lien social et politique.

Car dans les années qui viennent, le degré et la qualité de la cohésion sociale du pays dépendront davantage de l'état du lien politique. Dans les années 70, la question centrale était celle des rapports entre l'État, alors omnipotent, et la société civile, en quête d'autonomie. Les années 80 furent, elles, dominées par l'économie et l'argent. Les années 90 le seront par la question de la citoyenneté, pour éviter que la politique ne se réduise à l'addition et la juxtaposition d'intérêts particuliers. Or la nature du politique a changé : nous sommes entrés dans une société où d'autres institutions que l'État, d'autres centres de pouvoir que le sommet de l'État peuvent prétendre incarner l'intérêt général.

Au risque – dans le cas de Jacques Chirac comme de Michel Rocard – que sa propre culture soit prise à contre-pied, le futur chef de l'État devra se montrer extraordinairement ambitieux : être capable de contribuer aux « macrorégulations » (économique et politique dans la sphère européenne, écologique au niveau planétaire) qui enserrent l'action gouvernementale, et simultanément, accepter d'être, en France, à la tête de l'État pour le transformer profondément.

« Fichu métier », comme dit François Mitterrand.

TABLE

Cet ouvrage a été réalisé par la
SOCIÉTÉ   NOUVELLE   FIRMIN-DIDOT
Mesnil-sur-l'Estrée
pour le compte des Éditions Flammarion
en décembre 1992

Imprimé en France
Dépôt légal : octobre 1992
N° d'édition : 14195 - N° d'impression : 22722